# Venedig
## Stadt der Frauen

# Venedig Stadt der Frauen

## Liebe, Macht und Intrige in der Serenissima


Idee und Text
Eva Gesine Baur

Fotografien
Thomas Klinger


KNESEBECK

# Inhalt

# Inhaltsverzeichnis

## Die weibliche Macht und Herrlichkeit in der Serenissima

Venedig hat schon immer den Männern gehört. Sie haben schließlich etwas dafür getan, nicht nur Kriege geführt, Entdeckungsreisen unternommen und Handel getrieben. Die Männer von Venedig haben die Einkommensteuer erfunden, die Ausgabe von Staatsaktien erdacht, die Statistik entwickelt, ein Spitzelsystem aufgebaut, die staatliche Bücherzensur eingeführt und die Diffamierung einer Glaubensgemeinschaft institutionalisiert, indem sie das Ghetto einrichteten. Das Image Venedigs war den Männern von jeher eine Herzensangelegenheit. Rastlos arbeiteten sie daran, dass die Gefängnisse der Stadt den Ruf genossen, die schrecklichsten der Welt zu sein. Mutig riskierten sie jede Straftat, um ihre Stadt schöner zu machen. Sie stahlen in Tiryns Schiffsladungen von Reliquien zusammen, plünderten Konstantinopel für die Inneneinrichtung von *San Marco*, raubten den Assyrern jenen Bronzelöwen, der vor der Kirche steht, den Griechen die Marmorlöwen, die vor dem Portal des *Arsenale* so attraktiv ausschauen, und den Syrern die Granitsäule, die sich auf dem *Molo* so gut macht. Sie entführten aus Alexandrien den Leichnam von San Marco, raubten in Jaffa die Gebeine von San Niccolò, dem Schutzheiligen der Seeleute, und stahlen auf Chios die Überreste von San Isidoro.

Immer wieder haben die Männer von Venedig ihre Stadt mit ihrer Kreativität bereichert. So hatten sie früh die Idee, Menschen über einem Becken mit brennenden Kohlen zu blenden, haben ein sicheres System gefunden, um die Leute in den Spielcasinos abzukassieren, und sorgten für Unterhaltung, wie öffentliche Tierhatzen und Hinrichtungen auf dem Markusplatz, sowie für gewisse Annehmlichkeiten im Sommer – etwa wenn sie bei Festen blonde, rosige junge Männer an den Fenstern zum Kanal aufstellten, die vorn mit einer Livree bekleidet, hinten jedoch nackt waren, um als lebende Leimstreifen der Mückenplage abzuhelfen. Nebenher fanden die venezianischen Männer auch noch Zeit, ihre Frauen zu betrügen, die Gattin oder Geliebte zu erdolchen und sich gegenseitig mit abgefeimten Intrigen zu bekämpfen.

Venedig hat schon immer den Männern gehört, den einheimischen wie den fremden. Sie haben die Rialtobrücke zur Wallstreet des Mittelalters gemacht und die Fenster beim *Ponte delle Tette* zum Schaufenster der Prostituierten erklärt, die hier ihre nackten Brüste zeigen

*Zur Heldin Venedigs wurde Giustina Rossi, als sie im Jahr 1310 den Anführer eines Aufstandes unter ihrem Balkon erschlug. Ob mittels eines Blumentopfes oder eines Steinmörsers, den sie hinunterfallen ließ, ist umstritten. Für die zweite Variante entschied sich der Bildhauer, der zur Erinnerung an Giustina Rossi diese »Alte mit dem Mörser« schuf, die am Anfang der Merceria zu finden ist.*

durften. Männer haben die Grenzen gezogen, die Gesetze erdacht, die Verbote und die Strafen. Aber die Männer von Venedig hatten Stil. Deshalb haben sie ihre Raffgier, ihre Grausamkeit und Machtbesessenheit kaschiert mit Kunst, übertönt mit Musik, verborgen hinter schönen Worten und prächtigen Fassaden.

Schon immer war diese Stadt der Männer aber auch berühmt für ihre Frauen. Reiche Reisende, Engländer auf der *grand tour* oder Bildungshungrige wie Goethe, berichteten von ihren Erlebnissen mit Venezianerinnen, für deren Reize sogar der homosexuelle Dürer Sinn hatte, der eine von ihnen so betörend porträtierte, dass sie jahrzehntelang immerhin eines Fünf-Mark- Scheins würdig war. Poeten besangen derart salbungsvoll den Schmelz der armen Fischermädchen und Spitzenklöpplerinnen, dass ihnen selbst die Tränen kamen. Große Maler von den drei Bellini bis zu Tizian, von Giorgione bis Guardi, von Tintoretto bis Tiepolo, haben die Schönheit der venezianischen Frauen verewigt, gerne in Gestalt von Göttinnen oder Heiligen, und haben sie auf Altartafeln und Deckengemälden gen Himmel schweben lassen. Komponisten von Monteverdi bis Vivaldi haben in ihren Opern Frauen als Heldinnen auftreten lassen, die sie bis zum Bühnenausgang sein durften. Es scheint so, als sei in Venedig die Welt in Ordnung gewesen, weil die Frauen ihrem naturgegebenen Zweck dienten, also der Unterhaltung, der künstlerischen Anregung oder der Bedienung der Männer.

Manchen Touristen aus England fiel es jedoch unangenehm auf, dass die Frauen der oberen, also ihrer eigenen Kreise in der Öffentlichkeit unsichtbar waren, und was sie über ihr verborgenes Dasein berichten, hört sich an, als beschrieben sie islamistische Verhältnisse: »Ein Ehemann nimmt sich eine adlige Gemahlin nur mit dem Ziel, Kinder von ihr zu bekommen, und kümmert sich wenig darum, ob ihm ihre Person gefällt, denn er ist frei, seine Begierden mit fremden Frauen zu befriedigen, während seine arme Frau allein zu Hause sitzt, eingeschlossen und bewacht von alten Frauen, ohne die Freiheit, aus dem Fenster zu schauen, besonders, wenn es zur Straße geht. Und wenn sie zur Kirche gehen (eine Freiheit, die ihnen nur selten gewährt wird), sind ihre Gesichter mit einem Schleier bedeckt, und sie werden von den alten Frauen, ihren Bewacherinnen, begleitet.« Das notierte empört der Engländer Fynes Moryson, der in den 1590er Jahren einen längeren Venedig-Urlaub eingelegt hatte und dessen Bedarf an Weiblichkeit offenbar durch den Anblick von Putzfrauen, Handwerkergattinnen, Wäscherinnen und Prostituierten auf der Straße nicht befriedigt worden war.

Es scheint zwar so, als habe es immerhin eine überall sichtbare, wirklich mächtige Frau in der Stadt gegeben, vor der auch die Männer in die Knie gingen, weil sie angeblich imstande war, die Stadt von Seuchen wie der Pest zu befreien, und der sie insgesamt zwanzig Großbauten in der Stadt widmeten: Neunzehn bedeutende Kirchen Venedigs sind der Muttergottes als Santa Maria, eine ist ihr als Madonna geweiht. Doch auch da blitzt Respektlosigkeit im Umgang mit der Frau auf. Ein Gotteshaus *Santa Maria Formosa* zu widmen, zu Deutsch: Maria, der Fettleibigen, zeugt nicht von frommer Demut. Und das alles unter dem Vorwand, Bischof Magnus von Oderzo, der für diese Kirche den Bauauftrag erteilte, habe behauptet, die Muttergottes sei ihm in Gestalt einer dicken Matrone erschienen.

Woher also nimmt ein Autor das Recht, ausgerechnet Venedig zur *Città delle donne*, zur Stadt der Frauen zu erklären? Wo finden sich denn Hinweise, dass sie irgendeine nennenswerte Bedeutung besessen hätten?

In Venedig, der Stadt des Geldes, überzeugen finanzielle Argumente am besten: Wenn einem Venezianer auf Lebenszeit sämtliche Steuerzahlungen erlassen wurden und seinen Nachfahren auf unbefristete Zeit auch, dann muss das eine Person von Bedeutung gewesen sein. In den Genuss dieses Privilegs kamen für fast fünfhundert Jahre, bis zum Ende der Republik, die Nachfahren der Giustina Rossi. Sie hatte am 15. Juni 1310 einen Putsch niedergeschlagen, den Männer aus den Familien Querini, Badoer und Tiepolo angezettelt hatten. Sie schlug ihn mittels eines Marmorblumentopfes – manche behaupten, eines Steinmörsers – nieder, der von ihrem Balkon herabstürzte, als darunter gerade der Anführer des Aufstandes, Bajamonte Tiepolo, vor einem der in Venedig üblichen jähen Sommergewitter Schutz suchte. Mit ihm wurde das Banner und wohl auch die Hoffnung seiner Kumpane begraben, denn die warfen ihre Waffen von sich und rannten heim zu *mamma*.* Doch auch wenn Giustina »die Gerechte« heißt, war es wohl weniger ihr Unrechtsempfinden als ein Zufall, mit dem sie das schwache Herz der Revolution getroffen hatte. Bis die Frauen in Venedig wirklich frech wurden, dauerte es nämlich noch mehr als 250 Jahre.

Dass eine der ersten, die sich behaupteten, eine Kurtisane war, ist bezeichnend. Denn ihr Berufsstand war es, der das Leben der venezianischen Frauen zum Beispiel für die französischen begehrenswert erscheinen ließ. Zumindest, wenn wir Pierre Bourdeille de Brântome glauben, der als frommer Abbé de Brântome ein Abenteurerleben führte. 1540 geboren, erlebt er in Venedig, was er in seinem erst posthum erschienenen erotischen Klassiker *Das Leben der galanten Damen* eben jenen in den Mund legt: »Ach, gäbe Gott«, seufzen sie, »wir hätten alle unser Geld nach Venedig transferiert und könnten dort jenes angenehme und glückliche Kurtisanenleben führen, dem kein anderes gleichkommt, und wären wir auch Kaiserinnen des Jahrhunderts.« Die selbstbewussten Kurtisanen vor Ort – allerdings nur die aus der obersten Kategorie wie zum Beispiel Veronica Franco – machten manche Frauen aufmüpfig.

Aber für einen Widerstand, der aus dem Kopf kam, nicht aus dem Bauch, sorgte eine Frau, die meist als Französin betrachtet wird, weil sie in Frankreich aufwuchs und auf Französisch schrieb, aber gebürtige Venezianerin war: Christine de Pizan alias Cristiane Pisan. Schon zu Beginn des 15. Jahrhunderts hatte Christine de Pizan, die erste hauptberufliche Schriftstellerin, ihre Utopie von einer Stadt der Frauen veröffentlicht in *Le livre de la cité des dames*. Wie sie jenes System beschrieb, in dem nicht ein König, sondern eine Königin regierte, in dem Frauen, nicht Männer, den

*Nächtlicher Ausblick auf den Rio dei Mendicanti vom Campo San Giovanni e Paolo aus: Venedig bezaubert die Sinne bis heute. Doch die Venezianerinnen wollten mehr als nur bezaubern. Eine Venezianerin verfasste die erste Utopie einer »Stadt der Frauen«.*

*Die Verdienste der Männer sind in Venedig offensichtlich: Hier ein Blick vom Dogenpalast hinüber auf die Klosterinsel San Giorgio Maggiore mit Andrea Palladios eindrucksvollem Kirchenbau aus dem 16. Jahrhundert. Die »Verdienste der Frauen« rühmte die Venezianerin Moderata Fonte.*

Ton angaben, machte Furore und schließlich auch den venezianischen Frauen Mut. Und irgendwann waren sie nicht mehr zu halten.

»Ihr, die ihr nicht weniger verleumderisch als bösartig seid«, beschimpfte 1645 eine Venezianerin die Männer der Stadt. »Ihr wisst also die Qualitäten des weiblichen Geistes nicht zu schätzen. Ihr haltet die Frauen in Zimmern eingeschlossen, verwehrt ihnen, zu studieren und Lehrer zu haben. Und wenn ihr sie mit einer Feder in der Hand seht, schreit ihr sie sofort an und befehlt ihnen unter Androhung sogar des Todes, das Schreiben zu lassen und sich mit weiblichen Arbeiten zu befassen, mit Nadel und Spinnrocken.« Die Dame, die solche Schmähungen in Buchform unter dem Titel *La semplicità ingannata*, »Die gutgläubige Einfalt«, herausgab, war Arcangela Tarabotti, Nonne von Beruf.

Damit war sie aber keineswegs eine Emanze der ersten Stunde in Venedig. Schon Jahrzehnte davor hatte die fünffache Mutter Modesta dal Pozzo de' Zorzi, vorsichtshalber unter dem Pseudonym Moderata Fonte, ein Werk verfasst, das sie angeblich am Tag vor ihrem Tod mit 37 Jahren vollendete: *Il Merito delle Donne* – »Das Verdienst der Frauen«. Unmissverständlich der Untertitel: »Warum Frauen würdiger und vollkommener sind als Männer«.

Wer heute nach Venedig reist, weiß meistens nichts von den Frauen, die gekämpft und oft auch gesiegt haben. Zumal ihre Spuren oft mit verdächtiger Gründlichkeit vernichtet wurden; wie die der Isabella Cortese, Autorin eines Bestsellers im 16. Jahrhundert, der unter dem Titel *Secreti* Geheimnisse und Erkenntnisse aus der Heilkunde und der Kosmetik verriet bis hin zu Potenzmitteln. Allein dass Isabella ihre Rezepte und Tinkturen in einem eigenen Laboratorium entwickelt hatte, machte sie den Männern so unheimlich, dass sie von ihr nichts als das gedruckte Werk übrig ließen. Es ist mühsam, die Wege der Frauen heute noch nachzuvollziehen, von wenigen prominenten Ausnahmen abgesehen. Keine Gedenktafeln zieren die Häuser, in denen sie wohnten, kein Guide verzeichnet ihre Geburtshäuser.

Wer will heute, wo die Lizenzen für Gondoliere mit schöner Selbstverständlichkeit nur unter Männern vergeben werden, denn daran erinnert werden, dass die Frauen früher das Ruder am besten im Griff hatten, einfach weil sie am meisten in Übung waren? Viele von ihnen kamen täglich von den Inseln in die Stadt, um ihre Früchte, Gemüse und Fische auf dem Markt anzubieten. Selbstverständlich gab es vom 14. bis ins 18. Jahrhundert eine *Regatta delle donne*. Und kein Mann hat offenbar jemals den Rekord der Maria Boscolo gebrochen, die viermal nacheinander das Wettrudern gewann.**

Wozu mühsam solche Erinnerungen ausgraben? Es ist doch viel bequemer, sich im Regal der venezianischen Geschichte aus der ersten Reihe zu bedienen: Warum in einer Stadt, in der Maler wie Tintoretto, Veronese, Tizian, Tiepolo, Canaletto, Longhi, Guardi und Musiker wie Monteverdi, Cavalli, Caldara, Marcello, Gabrieli, Albinoni, Corelli, Vivaldi, Cimarosa gewirkt haben, nach der Porträtistin Rosalba Carriera oder der Komponistin Barbara Caterina Strozzi suchen?

Wir alle haben uns daran gewöhnt, dass das Interesse immer auf Seiten der Männer ist. Wir bemitleiden Wagner, der hier starb, aber nicht seine trauernde Witwe. Wir wollen alles über Gabriele D'Annunzios Auftritte in der Stadt wissen, nur nichts darüber, was er hier anstellte mit Eleonora Duse. Betrachten wir Venedig jedoch auch einmal aus dem Blickwinkel der Frauen, derer, die hier lebten, und derer, die hier gastierten, so eröffnen sich uns ganz andere Dimensionen. Historische, psychologische, topographische. Wer sich einlässt auf den Gedanken, Venedig zu verstehen als eine Stadt der Frauen, begeht neue Wege. Wohin sie führen, bleibt in Venedig immer offen. Wer einen Einheimischen fragt, wie er in diesem steinernen Irrgarten an sein Ziel komme, erfährt auch heute nur eins: *sempre diritto* – immer geradeaus.

* Ein Gemälde, das den Putsch zeigt, befindet sich im Museo Querini Stampaglia: *Die Verschwörung des Bajamonte Tiepolo* von Gabriele Bella. Man sieht die entscheidende Szene in der Merceria beim Uhrturm und oben auf dem Balkon Giustina Rossi.

** Eine Darstellung der Damen-Regatta von Gabriele Bella befindet sich im Museo Querini Stampaglia. Der Titel des Bildes lautet: *Regatta Delle Donne In Canal Grande.*

# Peggy Guggenheim & Truman Capote

## Der Heiratsantrag eines Gnoms in Harry's Bar

Fischdiät und unstillbarer Hunger nach männlicher Liebe: Der Schriftsteller Truman Capote entdeckt allerlei Gemeinsamkeiten mit der New Yorker Kunst- und Künstlersammlerin.

**LINKS** | *CHIM: Peggy Guggenheim auf dem Dach ihres Palazzo Venier dei Leoni (1950)*

**FOLGENDE DOPPELSEITE** | Maifinìo, *zu deutsch »niemals vollendet«, hieß bei den Venezianern der* Palazzo Venier dei Leoni, *der sich nur eine Etage hoch zwischen dem Palazzo Dario links und dem Palazzo Barbarigo rechts duckt. Für Peggy Guggenheim erwies sich Venedigs berühmteste Bauruine als idealer Ort zur Präsentation ihrer Sammlung.*

**LINKE SEITE** | *Verrückt, verspielt und versnobt, wie er auftrat, gefiel der junge Truman Capote Peggy Guggenheim sehr gut. Ihm gefiel vor allem, was sie ihm an Luxus zu bieten hatte.*

**RECHTS** | *Peggys Brillen nach Entwürfen großer Künstler wie Max Ernst sind unverkäufliche Museumsobjekte. Den Produkten heutiger Nachahmer wird das wohl kaum beschieden sein. Doch immerhin spiegelt sich in diesem Exemplar die Schönheit des Café Florian.*

Dass wildfremde Menschen in ihrem Schlafzimmer auftauchen, daran hat sie sich gewöhnt. Ob das aus Versehen oder aus haltloser Neugier geschieht, ist ihr gleichgültig. Es geht den meisten Eindringlingen ja nicht darum, sie in flagranti mit einem Liebhaber zu erwischen, obwohl das jetzt, wo sie achtundfünfzig ist, noch immer jederzeit möglich ist. Sie wollen ihr Bett sehen, dieses Bett mit einem Rückenteil aus dickem, echt silbernem Draht vor türkiser Wand, längst ein Vermögen wert. Nur eine Frau auf der Welt schläft in einem Bett von Alexander Calder, und das ist Peggy Guggenheim, obwohl sie gerade mit diesem Künstler gar kein sexuelles Verhältnis gehabt hat.

An den drei Tagen in der Woche, an denen ihr Palazzo am *Canal Grande* für das Publikum geöffnet ist, rechnet sie mit allem und ist auch einiges gewohnt, denn sie mischt sich gern unter die Besucher, um deren Meinung zu hören über ihre Sammlung von Surrealisten, Kubisten und Abstrakten, von Objekten, Gemälden, Plastiken und Graphiken. Manche meinen, das große Mobile von Calder aus Porzellan- und Glasscherben, das sie statt eines Murano-Lüsters hat aufhängen lassen, sehe aus wie auf der Müllhalde komponiert. Viele finden es geschmacklos von der Hausherrin, in ein Gebäude aus dem 18. Jahrhundert Sitzmöbel zu stellen, die mit weißem Kunststoff bezogen sind, nur weil so der Schmutz ihrer Lhasa-Terrier gut abwaschbar ist, und die Contessa Pignatelli hat Peggy sogar ganz direkt erklärt, sie könnte das schönste Haus in Venedig haben, wenn sie endlich ihre grässlichen Kunstwerke im Kanal versenkte.

Aber dieser Mann hier hat es noch nicht bis ins Schlafzimmer geschafft und macht auch keine abschätzigen Bemerkungen, treibt sich nur glotzend in der Vorhalle des *Palazzo Venier dei Leoni* herum, aber er ist trotzdem nicht zu übergehen. Peggy fängt ein Gespräch mit ihm an. Gerade einssechzig groß, mit einer überhohen runden Stirn, zahnlos wirkendem Mund, hilflos blickenden kurzsichtigen Augen, blöndlichem Haarflaum und einer Stimme, die mal quengelt, mal quiekst wie ein Gummitier, scheint er ein greisenhaftes Kind zu sein. Und er gibt, auch ohne es auszusprechen, mit jedem Auftritt sein Glaubensbekenntnis wie eine Visitenkarte ab: »Ich bin schwul, ich bin süchtig, ich bin ein Genie.«

Peggy Guggenheim steht vor Truman Capote, dem monströsen Maskottchen von New Yorks elitärsten Kreisen, der in diesem Jahr 1956 zweiunddreißig ist und bereits ein Bestsellerautor. Gehört hat Peggy natürlich schon von ihm. Ob sie es weiß, mit welcher Methode er die schönsten Frauen Amerikas für sich gewinnt und es erreicht, dass ihm jeder Fehltritt nachgesehen wird? Ob es ihr zugetragen worden ist, warum ihn Lauren Bacall auf die Glatze küsst, warum die Gattinnen der großen Magnaten schmachtend ihre Wange an seine legen und sich Marilyn Monroe strahlend von diesem Zwerg übers Tanzparkett schieben lässt?

Kaum hat Peggy Guggenheim ihm angeboten, während seines Aufenthalts in Venedig kostenlos bei ihr zu wohnen, beginnt er schon, sich in ihr Leben einzumischen. Weil er selbst einen Diätfimmel hat, überredet er auch seine

*Ein Glaskünstler auf Murano stellte diese Figuren nach Entwürfen von Picasso her, die in Peggy Guggenheims Museum leuchten. Das teuflisch erregte, unübersehbar männliche Wesen neben den drei Frauen mit unterschiedlicher Körbchengröße scheint ein Bruder des so genannten* Angelo della cittadella *zu sein, jenes Bronzeengels von Marino Marini in Peggys Vorgarten, der in jeder Hinsicht standhaft die Vorbeifahrenden auf dem Canal Grande grüßt (siehe S. 24).*

Gastgeberin zu einer Kur, selbstverständlich nach seiner Vorschrift: mittags nur eine leichte Eierspeise und abends nur Fisch.

Peggy führt ihn aus – für Capote nichts Besonderes, denn er ist es gewohnt, von reichen, berühmten Frauen ausgeführt zu werden, die üblicherweise allerdings sehr viel attraktiver sind als jene kleine Frau mit Kartoffelnase und Kurzhaarfrisur, die seit neun Jahren hier in Venedig wohnt und noch immer als »die verrückte Amerikanerin mit den Hunden« bezeichnet wird. Und Peggy führt den Hofnarren der amerikanischen High Society nicht etwa in ihr Stammlokal, das *Ristorante d'all Angelo* in der *Calle Larga*, gleich hinter der *Piazza di San Marco*. Sie geht mit ihm in *Harry's Bar*. Und dafür muss sie ihre Gründe haben.

Sicher tut sie das nicht, um Giuseppe Cipriani, dem Chef des Lokals, aus Dankbarkeit prominente Gäste zuzuführen. Denn der behauptet zwar, er habe den *Palazzo Venier dei Leoni* für die Sammlerin aufgetan, doch Peggy selbst erklärt, sie habe das Objekt dem Sekretär des Grafen Zorzi zu verdanken. Mit ihren Künstlerfreunden sitzt sie immer im *d'all Angelo*, bei Renato Carrain; da trifft sie sich mit den Venezianern Vedova und Santommaso, Vertrauten der ersten Stunde, mit ihren Gästen Matisse, Tanguy, Braque, Guttuso, Giacometti oder Arp. Befürchtet Peggy, dass Renato, der seit Eröffnung seines Lokals vor über 30 Jahren den brotlosen Künstlern eine üppige Verpflegung im Tausch gegen Kunst anbietet und mittlerweile selber ein Sammler von Format ist, diesen überdrehten Gnom vulgär finden könnte?

Schließlich mutet Peggy auch ihre intimen Bekanntschaften nicht Renato zu, sondern Beppe Cipriani, dem ehemaligen Barkeeper des *Hotel Europa*. Bei ihm steht der lockeren Atmosphäre zumindest kein Feinsinn für Avantgarde-Kunst im Wege: Braques Angebot, gegen kostenlose Fütterung ein Bild dazulassen, hat Giuseppe abgelehnt. Außerdem geht der alte Cipriani, der fast immer einen perfekten Anzug, Herzlichkeit und eine gelbe Krawatte trägt, mit Exzentrikern so souverän um wie ein altgedienter Psychiater mit Irren.

Das weiß Peggy aus eigener Erfahrung. Ihre mal fünf, mal sechs Lhasa-Terrier, unerzogen und verwöhnt wie missratene Millionärskinder, sind für das schmale, nur fünf auf neun Meter große Lokal eine Zumutung. Doch als vollendeter Gentleman konnte Cipriani ihnen nicht die Tür verbieten, zumal der Labrador von Baron Philippe de Rothschild auch immer sein pfundschweres Rindersteak verspeisen darf, allerdings unter dem Tisch. Arrigo Cipriani, der Sohn von Beppe und studierter Jurist, der ein Jahr später *Harry's Bar* übernehmen wird, ist längst eingeweiht in die Marotten der Gäste. »Peggy Guggenheim«, erinnert sich Arrigo später, »kam gewöhnlich mit ihren Liebhabern (außer wenn einer von ihnen einen anderen ermordet hatte und er von meinem Vater daraufhin nicht eingelassen wurde) und mit einer Meute kläffender kleiner Hunde. Wir wussten nicht, was wir dagegen tun sollten. Eines schönen Tages füllte der Koch die Fleischbällchen, die ihre Leckerbissen waren, mit einigen Tropfen Tabasco. Danach weigerten sie sich, störrisch wie kleine Maulesel, das Lokal wieder zu betreten.«

*In Venedig hieß Peggy Guggenheim anfangs nur »die verrückte Amerikanerin mit den Hunden«. Dass ausgerechnet sie in dem Palastfragment mit Garten den idealen, weil keinerlei Vorschriften und Verboten unterworfenen Ausstellungsort für ihre Sammlung fand, wunderte in Venedig keinen. Der Garten mit den Skulpturen gehört zu den schönsten Museen der Welt.*

*Der* Angelo della citadella, *den Marino Marini 1951 geschaffen hatte, wurde so im Garten des Palazzo Venier aufgestellt, dass er vom Canal Grande gut zu sehen ist. Die Gondoliere freuten sich über den freudig erregten Kerl. Wusste Peggy Guggenheim jedoch, dass Nonnen passierten, wurde das aufgesteckte Glied des Anstoßes abgenommen.*

*»Donna in Piedi« heißt dieses Werk von Giacometti im Garten des Palazzo Venier dei Leoni, das angeblich Peggy Guggenheim zeigt.*

Wer so elegant mit hysterischen Lhasa-Terriern fertig wird, hat auch mit einem Gnom, der für seine Tobsuchtsanfälle ebenso berühmt ist wie für seine brillant formulierten Taktlosigkeiten, keine Probleme. Und mit kulinarischen Sonderwünschen diätversessener Gäste schon gar nicht: Im letzten Jahr erst hat Giuseppe für die Contessa Amalia Nani Mocenigo, deren Arzt ihr, einer der damals schon grassierenden Ernährungsirrlehren verfallen, gegartes Fleisch verboten hat, ein Gericht aus rohem Rinderfilet und einer delikaten leichten Mayonnaise-Sauce aus Zitronensaft und Olivenöl erfunden. Und hat es – für die Kunst der Renaissance hat Beppe durchaus Sinn – nach dem venezianischen Maler Carpaccio benannt, an dessen leuchtende Rottöne, kombiniert mit strahlendem Weiß, ihn seine Kreation erinnert.

Es ist nicht bekannt, welche Fischgerichte Capote seiner Gastgeberin und sich selbst erlaubt. Aber es ist offensichtlich, dass Capotes Methode, Frauen zu erobern, wieder einmal funktioniert: Er zeigt sein überwältigendes Interesse, und zwar für alles an ihnen. Mistet ihren Kleiderschrank aus, entscheidet, wie sie das Haar tragen sollen, diktiert ihnen einen neuen Stil und hört ihnen zu beim luxuriösen Lunch, auf der Cocktailparty, manchmal auch auf der Bettkante sitzend. Und sie erzählen ihm alles, ihre delikaten und depressiven Geheimnisse, ihre verheerenden und obszönen Erlebnisse, ihre tragischen und ihre kitschigen Sehnsüchte, schamhaargenau. Bei Peggy beißt er natürlich in vielen Belangen auf Granit: Weder einen ihrer kunterbunten Röcke noch ein einziges ihrer zahllosen, seit Jahrzehnten gesammelten Ohrgehänge darf er verwerfen, und an ihren Fortuny-Roben vergriffe er sich ohnehin niemals. Aber die Figur ist, wie seine eigene auch, durchaus verbesserungsfähig.

Zwei Monate wohnt er in dem von wildem Wein überwucherten unvollendeten Palast, der nur aus einem Stockwerk besteht, schreibt an seinem Werk *Die Musen sprechen*, und Peggy hat Gelegenheit festzustellen, wie viel sie, die Millionärstochter aus den großen jüdischen Clans Seligman und Guggenheim, mit dem Sohn aus einer verkrachten Familie, der groß geworden ist bei zwei alten Tanten in einem Südstaatenkaff, dennoch teilt. Beide haben eine Kindheit hinter sich, die sie als quälend einsam empfanden, beide sind, obwohl ihr Leben für andere schwerelos wirkt und sie als Götterlieblinge gelten, oft am Abgrund entlangbalanciert, beide leiden am *horror vacui* und fürchten sich vor nichts mehr als vor der Langeweile, und beide vermeiden es, das Nächtliche in sich zu ergründen, sondern entfliehen der Begegnung mit sich selber. Truman bewerkstelligt das mit Drogen, Peggy mit neuen Liebhabern oder Fernreisen. Bei beiden wächst die Liebe zur Kunst aus der Verzweiflung. Peggy eröffnete mit neununddreißig ihre erste Galerie in Paris, nachdem sie kurz zuvor erklärt hatte: »Ich glaube, mein Leben ist vorbei.«

Beide spüren, dass sie nicht verwurzelt sind im Leben, zu jäh ist Trumans Ruhm emporgeschossen, zu rasch ist Peggy, die Enkelin eines fränkischen Hausierers und eines schweizerischen Billigschneiders, die das Vermögen der Clans begründet hatten, in den Sog der Pariser Boheme, in den

*Treffpunkt, Mittelpunkt, Angelpunkt: All das war das Ristorante »All'Angelo«, hier vom Ponte della Guerra aus gesehen, zu Peggys Zeiten. Ein Wallfahrtsort ist es noch immer.*

Strudel der Versuchungen geraten. Welche Stadt also wäre besser geeignet für ihren Dialog als Venedig?

Truman kann es nicht entgehen, dass seine vermögende Gastgeberin so skandalumrauscht ist wie er selbst und genauso gewohnt, dass sich die Leute das Maul über sie zerreißen. Peggy hat zu Recht darauf gesetzt, dass hier in Venedig die wenigsten von ihrer bewegten Vergangenheit wissen; von jener ersten Ehe mit Laurence Vail, einem Schriftsteller, der bereits zur Hochzeit Stadtstreicher und Huren von der Straße eingeladen hatte und danach der Schrecken aller Hoteliers war, weil er seine Eifersucht regelmäßig an der Inneneinrichtung ausließ. Von der Affäre mit einem intellektuellen Trinker namens John Holms, ihrer zweiten Ehe mit dem Surrealisten Max Ernst, ihrer Affäre mit Yves Tanguy, ihren Nächten mit Samuel Beckett, von all ihren flüchtigen Abenteuern, von all ihren überhitzten Versuchen, Männern die Gattin auszuspannen. Und sie haben es auch nicht mitbekommen, dass sie die Anwesenheit der großen Sammlerin nur dem Glück verdanken: Am 13. Juli 1941, im letzten Moment, hatte sie es geschafft, »mit einem Ehemann, zwei Exfrauen, einem zukünftigen Ehemann und sieben Kindern« von Lissabon aus nach New York zu entkommen, wo die Journalisten nichts als Häme über die jüdische Galeristin gossen: »Während die Hauptstädte des alten Kontinents in Schutt und Asche gelegt werden, rettet Miss Guggenheim die wertvollsten Kunstschätze«, hieß es.

Wundert es, dass es Peggy kurz nach Kriegsende wieder nach Venedig zog? Sie kannte die Stadt, von Besuchen aus der Jugend, aber auch durch Laurence Vail, dem die Serenissima von Kindheitsurlauben her so vertraut war wie der venezianische Dialekt. Und Peggy hatte sich hier nie benommen wie eine reiche amerikanische Touristin, die sich nicht einlassen möchte auf den schmutzigen Irrgarten hinter den prächtigen Fassaden. In einem billigen alten Hotel an der *Riva degli Schiavoni* hatte sie damals mit ihrem Mann gehaust, wo der Ofen beim ersten Befeuern einen pestilenzialischen Gestank verbreitete, weil er vollgestopft war mit Präservativen. Peggy wollte von Anfang an eintauchen in Venedig, ganz gleich wie es roch, wie anrüchig es war. Für sie war und blieb Venedig ein Eignungstest: Wer mit dieser Stadt nicht zurechtkam, käme auch mit Peggy nicht zurecht.

Ob es ihre Unbedingtheit war, die den Venezianern imponierte? Jedenfalls hat sie in jener Stadt, wo sich die alteingesessenen Familien ungern mit Parvenüs abgeben, schnell Kontakte hergestellt, Beziehungen geknüpft, Freundschaften aufgebaut. Sofort hat sie einen ersten Wohnsitz im *Palazzo Barbaro* bekommen und kurz darauf, 1948, die Chance, auf der ersten Biennale nach dem Krieg ihre Sammlung zu zeigen; im Pavillon von Griechenland, das noch immer im Kriegszustand war.

Venedig ist, was Skandale angeht, seit Jahrhunderten abgehärtet. Sie gleiten ab an den Menschen hier wie an gut geölter Haut. Für Peggy ein geeignetes Pflaster. In dem *Palazzo Venier dei Leoni,* nach den achtzehn Löwenköpfen so benannt, die seine Fassade schmücken, war die Exzentrizität ohnehin bereits zu Hause; um 1910 war dort die Marchessa

Louisa Casati eingezogen, Geliebte des brisanten Dandy-Dichters Gabriele D'Annunzio, der sich gerne als Gast verwöhnen ließ in der *Casetta rossa*, dem kleinen, rot gestrichenen Haus auf der gegenüberliegenden Seite des Kanals, das dort zwischen den würdigen Palästen im Grünen hockt wie ein Kind.

Unter den Magnolien, Zedern und Akazien in Peggys Garten standen damals noch keine Skulpturen von Brancusi, Moore, Giacometti oder Marini, dort liefen frei die Leoparden der Herzogin umher, was durchaus angemessen war: Angeblich hatten bereits die Venier dort einen großen Löwenkäfig aufgestellt. Dass die bizarre Marchessa für Diaghilew in diesem Ambiente Kostümfeste gegeben hatte, bei denen golden angepinselte, wohlgebaute junge Männer die Fackeln zur Beleuchtung trugen, nahmen die Venezianer gelassen hin. Doch 1938 muss sie den Bogen überspannt und überstürzt den Palast verlassen haben.

Peggy war also bewusst, dass es auch in Venedig, der entgrenzten Stadt, Grenzen gab. Und ihre Rücksichtnahme setzte sie handgreiflich um. Als sie von Marino Marini dessen Reiterstandbild *Engel der Zitadelle* 1949 in Bronze gießen ließ, diesen Reiter, der zum Zeichen der Ekstase ausgebreitete Arme und einen erigierten Penis hat, musste der Künstler das Gemächt des Anstoßes als Einzelteil arbeiten, so dass es bei Bedarf abzunehmen war. Denn Peggy, die bereits über ein Jahr im *Palazzo Venier* wohnte, wusste, dass an den Feiertagen die Nonnen im Vaporetto an ihrem Palast vorbeifuhren und der Anblick des zum Kanal hin grüßenden Reiters für jene Überreizung sorgen könnte, die Marchessa Casati zur Flucht genötigt hatte.

Das Gerücht, die Sammlerin verfüge über eine ganze Schublade unterschiedlich großer Ersatzteile, musste jemanden wie Truman Capote, der den Papst als eine »Olle im Fummel« bezeichnete, entzückt haben. Und die Küche in *Harry's Bar* entzückte ihn auch, denn Enrico Caniglia, ein Koch aus den Abruzzen, der niemals das Restaurant betrat und 35 Jahre lang die 70-Stunden-Woche kultivierte, ging mit den Fischen der Lagune so gekonnt um wie Truman Capote mit Worten. Billig wird Peggy die allabendliche Diät à la Capote in *Harry's Bar* nicht gekommen sein, denn Giuseppe sagte den Gästen auf, was es gab, ohne Preise zu nennen. Die wurden individuell festgelegt. Das angeblich manneskraftstärkende Meeresgetier tat jedenfalls ebenso seine Wirkung wie die Entdeckung der vielen Gemeinsamkeiten mit Peggy, deren größte sicher der ungestillte, unstillbare Hunger nach Liebe war: Der schwule Gnom machte Peggy einen Heiratsantrag.

Was sich abstrus anhört, war so abwegig nicht. Es hätte klappen können. Schließlich war der Nachfolger von Max Ernst in Peggys Leben ein Kunstsammler namens Kenneth McPherson gewesen, der sich das Haar blond färbte – zu blond, wie Peggy fand –, täglich ein perfektes Make-up

**LINKE SEITE** | *Die Herren in Weiß in* Harry's *Bar haben zu Recht auch heute noch einen so ausgezeichneten Ruf wie die Küche des versteckten Lokals, dessen Name nur eingeätzt ist auf den Fensterscheiben. Nicht nur die Gäste, auch Besitzer Giuseppe Cipriani durchlebte hier Exzesse. Von jenem mit Ernest Hemingway musste er sich drei Tage erholen.*

**FOLGENDE DOPPELSEITE** | *Die große Liebe der Amerikanerin in Venedig: Im Café Florian an der Piazza di San Marco bewirtete Peggy regelmäßig ihre Freunde.*

trug, ein Bad wie ein Hollywoodstar hatte und eigentlich eine Neigung zu Männern. Glücklicherweise wurde ihm, kaum mit Peggy liiert, wegen einer akuten Herzattacke Sex verboten. Und der Mann, mit dem sie danach durchbrennen wollte, gestand ihr zuerst seine Liebe und nach der ersten körperlichen Übung, dass er nicht mit Frauen, sondern nur mit Chorknaben könne.

Capote hätte durchaus Aussicht auf Erfolg gehabt. Peggy ist nichts Männliches mehr fremd und ihre sexuelle Unternehmungslust ist so ungebrochen wie das Ersatzteil des Reiterstandbilds. Zudem hat sie einen ausgeprägten Sinn für Männer, die mit der Normalität so wenig zu tun haben wie ihre Sonnenbrillen. Materielle Werte besitzt sie selbst genug, aber Unterhaltungswerte sind, das weiß sie, unbezahlbar. Dennoch sagt sie Nein. Denn Peggy Guggenheim hat Instinkt. Diese Nase, die jeder große Sammler von Gegenwartskunst braucht, um zu riechen, was in der Luft liegt. Und sie hat offenbar auch einen Instinkt für das, was hinter der hohen Stirn des greisenhaften Kindes vor sich geht.

Sie wird es noch erleben, dass Truman 1975 in der Zeitschrift *Esquire* die ersten Kapitel eines Werkes veröffentlicht, das sich *Erhörte Gebete* nennt und für einen unerhörten Skandal sorgt – ein Schlüsselroman, in dem nichts verschlüsselt ist. Alle Geheimnisse, alle Indiskretionen, alles, was ihm die reichen, einsamen, verzweifelten Frauen gebeichtet hatten, gab er darin der Öffentlichkeit preis. Die Schönen, die er gepriesen hatte als seine Flotte von Schwänen, erklärten daraufhin, bei der nächsten Begegnung mit Capote spuckten sie ihm ins Gesicht; ein Schwan beging Selbstmord. Tennessee Williams erklärte: »Capote ist ein Monster, ein im Innersten kaltblütiger Mörder.« Unzweifelhaft ein Meister des Rufmords. Seine venezianische Gastgeberin starb 1979 mit 81 Jahren eines friedlichen und symbolhaften Todes: an den Folgen eines Hüftknochenbruchs, den sie sich zugezogen hatte, als sie aus ihrer Gondel stieg.

FLORIAN
FLORIAN
TEA-ROOM

CAFFÈ

# *Eleonora Duse* & Gabriele D'Annunzio

## Die Entflammung auf Geheiss im Hotel Danieli

»Ich verabscheue ihn, aber ich bete ihn an«:
Die liebende Bühnenkönigin zerbricht an dem selbstverliebten
Dichterfürsten Gabriele D'Annunzio.

LINKS | *Eleonora Duse (Fotografie um 1895)*

PARROCCHIA
DI S. STEFANO

RESTAURANT-TERRACE
RECEPTION
SIX SIGMA
COUNCIL

**LINKE SEITE** | *Der geeignete Ort für Verführungen ist das Hotel Danieli heute ebenso wie zu Zeiten der Duse. In diesem Haus mit seinem orientalischen Charisma begegneten sich die Duse und D'Annunzio. Und sie verfiel ihm.*

**VORHERIGE DOPPELSEITE** | *Die Duse genoss das Gefühl der Freiheit, wenn sie durch die Spitzbogenfenster ihrer Dachwohnung im Palazzo Wolkoff – hier der dritte Palast von links – weit hinaus auf die Serenissima sah. Doch sie brauchte Jahre, um dem Gefängnis ihrer Emotionen zu entkommen.*

Der Besitzer des *Hotel Danieli* bewundert sie, aber er muss sie für verrückt halten. Dem Kollegen vom *Hotel d'Europe* geht es nicht anders. Da bieten sie der Duse die schönsten Suiten an in ihren Häusern, aber die Diva schüttelt den Kopf. Sie zieht eine enge Wohnung unter dem Dach des *Palazzo Barbaro-Wolkoff* vor, in der es im Sommer unerträglich heiß und stickig ist. Warum versteht nur sie selbst, denn sie verrät nichts von dem, was hinter ihren dunkel umschatteten Augen vorgeht. Keiner fragt sich und keiner fragt sie, warum sie diese Zimmer ihre Studentenbude nennt, jetzt, da sie schon siebenunddreißig ist. Keiner weiß, dass sie dort wirklich studiert – sie studiert, was sie ängstigt, was sie ersehnt, was sie vermisst. Die dürftigen Zimmer im *Palazzo Barbaro-Wolkoff* sind für die Duse ein Palast der Erinnerungen. Stundenlang kann sie dort, eine Lorgnette in der Hand, am Fenster sitzen und hinausschauen in die Vergangenheit. Auf den Hafen, der sie daran denken lässt, dass ihre Ahnen Seefahrer waren und erst der Großvater, der auch am Meer, im nahen Chioggia geboren wurde, zum Theater ging, um die erstarrte *Commedia dell'Arte* wiederzubeleben. Sie schaut hinüber in ihre Kindheit, aufs Ufer der *Giudecca*, wo hinter einem hohen verwitterten Gemäuer jener Garten liegt, in dem sie als kleines Mädchen oft gespielt hat.

Im strengen Sinn ist Eleonora Duse keine Venezianerin, nur in der Nähe Venedigs geboren und aufgewachsen in Chioggia, wo eine *Calle Duse* an den Großvater erinnert. Und doch ist Eleonora mehr Venezianerin als viele, die hier geboren sind, weil sie die Menschen mit genau denselben Eigenschaften in Bann schlägt wie die Serenissima. »Wenn sie die Bühne betritt«, hat der sonst so bissige George Bernard Shaw über die Duse geschrieben, »stellt sie es dem Zuschauer anheim, sein Opernglas zu benutzen und alle Falten zu zählen, die Zeit und Sorge in ihr Antlitz gegraben haben. Es sind die Beglaubigungsschreiben ihrer Menschlichkeit.«

Wer möchte die Risse in Venedigs Mauern zählen, wer die Blatternarben im Putz? Wie die Duse entrückt auch Venedig die Menschen. Willig verfallen sie jener melancholischen Magie, die unnachahmlich ist. Keine Kopie wird jemals Venedig ersetzen, keine andere Stadt, die sich ihrer Kanäle wegen rühmt, ein zweites Venedig zu sein, hat das Geringste zu tun mit dem Original.

Und was der französische Kritiker Jules Huret über die Duse sagte, klingt, als habe er die Serenissima gemeint: »Sie ist nicht schön, aber mehr als schön.«

Massimo Cacciari, Professor für Ästhetik an der Architekturhochschule in Venedig und eine Zeit lang Bürgermeister, besteht darauf: »Venedig ist nicht schön, nicht harmonisch. Venedig ist ein Konflikt.« Eine Stadt, die wie die Duse einen Silberblick hat. Fehlerhaft, irritierend, faszinierend. Und dennoch wurde und wird die Serenissima wie die Duse angebetet, heiligenmäßig verehrt. In Petersburg lassen die Verehrer der Duse Blütenblätter auf den Weg streuen, der von ihrem Hotel ins Theater führt. Und so wie Venedig seit Jahrhunderten beleuchtet wird von Festen,

*Dass die schönste Suite im Hotel Danieli nach der großen Tragödin heißt, ist eine Hommage. Sie erinnert daran, dass in eben jenem Gebäude, einem Palast des Dogen Dandalo aus dem 14. Jahrhundert, eine Liebesgeschichte begann, an deren Ende die Schauspielerin von ihrem Liebhaber verleumdet und schamlos bloßgestellt wurde.*

Zeremonien und Prozessionen, wird sie gefeiert mit Fackelzügen und Leuchtfeuern. Mit ihr wie mit Venedig identifizieren sich die Menschen, mit ihrem Leid, mit ihrer Tragik, mit ihrem Schicksal. Keiner vermag zu trennen in das, was die Duse spielt, und das, was sie ist. Und wer könnte den Schein Venedigs von seiner Wirklichkeit scheiden, die Illusion von den Tatsachen?

Das Publikum weint, wenn die Duse spricht. Und wenn die Rede auf Venedig kommt, dann sagen auch heute die meisten mit vieldeutigem Lächeln, die Hand aufs Herz gelegt: »Venedig, das ist *meine* Stadt.« So als kennte sie kein anderer wirklich, als wäre sie ein exklusives Geheimnis.

Das Geheimnisvolle bezieht seinen Schleier aus der Traurigkeit. Und Venedig wie die Duse verfügen über jene Traurigkeit, die andere oft unerwartet die Tiefe ihrer Empfindungen gewahr werden lässt und dadurch beglückt. Die Größe, mit der die Duse auf der Bühne, die Serenissima in der Wirklichkeit stirbt, macht sie unvergesslich, hält sie lebendig in den Köpfen und erweckt die Hoffnung, es gebe doch Unsterblichkeit. »Mein Venedig versinkt nicht«, fängt ein Gedicht von Rose Ausländer an, und es kehrt zu diesem Bekenntnis zurück.

Die Schwermut gehört unabdingbar zu Venedig und auch zum Blick der Duse. Und sie erscheint gefährdet wie diese Stadt, die ihr näher ist als alle anderen auf der Welt. Ihre Augenbrauen sind hoch gewölbt, in der Mitte aber drohen sie einzubrechen wie manche der maroden Brücken über den Kanälen. *Femme fragile* werden sie die Kulturhistoriker später nennen, um sie von einer *femme fatale* zu unterscheiden, wie ihre große Rivalin Sarah Bernhardt sie verkörpert hat. Ein Bildnis der Duse, das der Künstler mit A. N. Roussoff signierte, zeigt das schöner als jede Fotografie, denn der Maler hat sie oft genug gesehen: Unter seinem richtigen Namen, Alexander Wolkoff Mourozoff, war er russischer Fürst, ergebener Duse-Anbeter und Besitzer des Palastes, in dem er mit kostbaren Kunstgegenständen und seiner Tochter lebte und in dem die Duse die Wohnung unter dem Dach gemietet hatte.

Auch in Eleonoras Liebe zu diesen Zimmern liegt die Schwermut des Erinnerns: Mit fünf musste sie auf die Bühne hinaus, mit vierzehn zum ersten Mal als Shakespeares Julia in der Arena von Verona sterben, und von Anfang an musste sie damit leben, dass es Geborgenheit im Wanderleben eines Schauspielerkindes nicht gab. Wenn ihre Eltern einmal abends ausgingen, um ein paar Kollegen zu treffen, was die Finanzen selten erlaubten, dann ließen sie Eleonora in irgendeiner Dachbodenkammer im Dunkeln. Es war dort kalt im Winter, stickig im Sommer und trostlos, manchmal unheimlich. Aber wenn sie hinaufkletterte zur Dachluke und in einen klaren Sternenhimmel schaute, dann war die Welt schön und weit und reich. Nun schaut sie immerhin durch Spitzbogenfenster, doch sie ist oben, dem Himmel nah und den Menschen fern.

Die Duse ist eine Diva. Sie weiß es und genießt es. Aber sie will nicht so leben, wie es von einer Diva erwartet wird. Schlicht, fast immer dunkel zieht sie sich an, obwohl

*Die Duse-Suite (links) lässt erahnen, wie leicht es ist, in der sanften Pracht dem Traum an die große Liebe zu verfallen. Zumal an der Decke Liebesgenien schweben und schwereloses Glück vorgaukeln (rechts).*

sie auf der Bühne lichte Gewänder liebt. Sie trägt keinen Schmuck und keine Schminke, frisiert ihr wildes, schon grau durchzogenes Haar unordentlich nach hinten, isst im Hotel allein auf dem Zimmer, benutzt Hintertreppen und Hinterausgänge. Den Alltag zur Bühne zu machen, jede Mahlzeit in der Öffentlichkeit zum bestaunten Ereignis, jeden Schritt zum Auftritt, das ist ihr ein unerträglicher Gedanke. Und doch denkt sie in diesem September 1895 in ihrem Zimmer unter dem Dach an einen Mann, der jede Sekunde seines Lebens inszeniert mit jener Maßlosigkeit, die sein Stil ist, sieht er sich doch in einer Reihe mit Dante, Michelangelo und Tizian. Ein Künstlerfürst, kein Bohemien. Einer, der den Skandal kalkuliert, weil er ihn braucht als Glanzlicht auf dem pompösen Gemälde seines Daseins. Niemand in Italien kann ihn übersehen, diesen schmächtigen, blöndlichen Wicht mit der großen Geste. Auch sie konnte ihn nicht übersehen, damals in Rom, als er sich ihr, die nach dem ersten Akt der *Kameliendame* erschöpft in die Garderobe wankte, in den Weg stellte und stöhnte: *O grande amatrice* – »Oh große Liebende!«

Manche halten Gabriele D'Annunzio, der mit sechzehn seinen ersten Gedichtband herausbrachte und nun, mit zweiunddreißig, schon mit drei Romanen und zahllosen Gedichten vertreten ist, für ein Genie. Manche finden ihn lächerlich, manche peinlich, diesen gnomenhaften Frauenhelden. Ein Mann, der mit neunzehn eine achtzehnjährige Herzogin geschwängert, entführt, auf diese Weise die Heirat erpresst hat und sie nach der Geburt des zweiten Kindes für eine Prinzessin aus Neapel sitzen ließ, ist als Vorbild für die katholische Jugend wenig geeignet, aber als Hoffnungsträger für die Duse durchaus. Denn er kennt das nicht, was sie mehr fürchtet als den Tod: Langeweile und Stillstand. »Die Langeweile, die Langeweile ist für die Künstlerin tödlicher als jede Gefahr«, klagt sie. Und: »In der Kunst bedeutet Stehenbleiben einen Rückschritt.«

D'Annunzio erscheint der Duse wie das Allheilmittel für ihre Nöte. Als einer, der sie und das Theater verjüngen kann.

Ob es ein glücklicher oder ein unglücklicher Zufall ist, dass D'Annunzios Verleger Emilio Treves zu derselben Zeit auf die Idee verfällt, die Duse mit ihrer Geltung und ihrem Geld könnte den mittellosen Verschwender retten? Sie könnte es sein, die dem Lyriker und Romancier auch zum Durchbruch als Dramatiker verhilft und ihm, dem Verleger, zum merkantilen Erfolg.

Emilio hat es eingefädelt, dass Eleonora durch die erstaunlich bescheidene Drehtür des *Hotel Danieli* tritt und dem Dichter begegnet in dieser Halle, die Bühne ist, lasziv wie ein Serail. Emilio weiß, dass Venedig auf D'Annunzio zuverlässig wirkt, der sich selbstgefällig spiegelt in der

**LINKE SEITE** | *Magisches Licht und märchenhafte Üppigkeit umfangen auch heute noch den Besucher, der das Danieli betritt. Sogar der Umgang um das Treppenhaus bietet mit Palmen und Muranolüstern gemäldeschöne Szenen.*

**FOLGENDE DOPPELSEITE** | *Weibliche Reisende, die den Weg ins Atelier des Wahlvenezianers Fortuny finden, beneiden seine Frau Henriette, die er hier in einer seiner bestickten Roben porträtierte. Und bedauern, dass er nicht auch sie verschönt. Die Frauen liebten den vielseitigen Künstler, weil seine fließenden Kleider aus Seidenplissé sie zu Göttinnen machten.*

Dekadenz dieser Stadt. »Kennen Sie«, wird er später schreiben, »irgendeinen anderen Ort der Welt, der wie Venedig in gewissen Stunden imstande ist, die menschliche Lebenskraft anzuregen und alle Wünsche bis zum Fieber zu steigern?«

Dass Venedig auch auf die Duse wirkt, kann Emilio Treves nur hoffen. Es ist bekannt, dass sie bei aller bittersüßen Milde hart verhandeln kann, dass sie ihren Preis kennt und nicht daran denkt, sich darunter zu verkaufen.

Doch offenbar zeitigt die Droge Venedig ihre ersehnte Wirkung und umnebelt die Sinne der Duse, denn hinterher wird sie ihre schicksalhafte Begegnung mit D'Annunzio schildern wie einen Tagtraum: Im Morgengrauen sei sie, die benommen war von einer schlaflosen Nacht, auf einmal vor ihm gestanden, wie er im Frühnebel aus einer Gondel stieg.

Die Wirklichkeit einer Hotelhalle ist zwar weniger romantisch, aber trotzdem muss das, was geschah, den nüchternen Blick der Duse getrübt haben. Denn noch im Jahr zuvor hatte sie ihrem Lebensgefährten, dem Verdi-Librettisten Arrigo Boito gestanden, dass die Texte und das überall kolportierte Benehmen dieses Manns sie in einen Zwiespalt stürzen: »D'Annunzio verabscheue ich, aber ich bete ihn an.«

Anscheinend waren sie beide nicht bei Sinnen, als sie, wie die Duse sagt, jenes »Bündnis der Herzen« schlossen. Sonst müsste sie, die als erste Schauspielerin ganz natürlich sprach auf der Bühne, anstatt pathetisch zu deklamieren, angewidert gewesen sein von seiner Art, affektiert zu reden und jedes Wort mit Girlanden zu behängen. Sonst hätte er sehen müssen, dass diese Frau, fünf Jahre älter als er, bereits müde war von einem langen Weg, den sie mit fünf betreten hatte. Sonst hätte er bemerken müssen, dass diese kleine, zur Rundlichkeit neigende Frau seinem weiblichen Ideal, diesen jungen, hohen, straffen, schmalen Gestalten, fern war.

Waren sie beide blind vor Liebe?

Gerne wird das später so gedeutet, um zu erklären, wie die gütige Duse diesem Mann verfallen konnte, dessen Fantasien blutrünstig, sadistisch und abgründig waren, diesem Größenwahnsinnigen, der nur um sich selber kreiste, diesem Selbstverherrlicher, der sein berechnendes Wesen hinter pompösen Schmeicheleien verbarg.

Doch es sind berufliche Interessen, die beide einander in mildem Licht sehen lassen. Eleonora will endlich eine moderne Frau spielen und ausbrechen aus dem Käfig ihres Repertoires. Gabriele soll Stücke schreiben, in denen sie neue, ungehörte, unabgenutzte Worte sagen wird, Stücke, die Bewegung in erstarrte Bühnentraditionen bringen. Und Gabriele braucht Eleonoras Ruhm als Vehikel seines Talents. Ihr Name soll seinen nach oben tragen, ihre Stimme soll seine Verse herzzerreißend machen. »Ich will sie fühlen, die Frauen, die ich auf der Bühne bin«, sagt die Duse. »Ich schaue nicht, ob sie gesündigt haben, ich stehe mit ihnen und für sie. Stöbere und stöbere in ihnen; nicht aus einer Leidenssucht heraus, sondern weil das Mitleid der Frau größer,

*Beeindruckt sind Venedigreisende von der Pracht, was sie jedoch begeistert, sind die Entdeckungen dessen, was sich dem direkten Blick entzieht. Dazu gehört das versteckte Atelier des Mariano Fortuny, dessen Türklopfer links zu sehen ist.*

differenzierter ist, und weil es süßer und vollkommener ist als das Mitleid, das einem Männer gewähren.«

Die Kalkulation des Emilio Treves geht auf: D'Annunzio entflammt die Duse mit seinem unwiderstehlichen kindlichen Charme, der Leichtigkeit in ihre Schwermut bringt. Doch bleibt er selbst dabei, wie ein routinierter Don Juan, kalt bis ans Herz?

Nicht ganz, will es scheinen, denn er trägt an diesem 26. September 1895 in sein Notizbuch ein: *Amori e dolori sacra* – »Der Liebe und dem Schmerz geweiht.«

Es könnte natürlich sein, dass er damit die Liebe Eleonoras meint und den Schmerz, den er ihr, wie zuvor und danach so vielen Frauen, zufügen wird. Es könnte auch sein, dass D'Annunzio ahnt, sein sorgsam inszeniertes und dokumentiertes Leben werde später von Interesse sein und bedürfe solcher großen Worte. Romantiker wollen lieber glauben, diese Frau habe ihn wider Erwarten doch tiefer berührt als erwartet.

In Venedig beginnt eine Beziehung, die anderswo kaum begonnen hätte, denn hier erscheinen Fragen unsinnig, die sonst unvermeidlich wären. Konkrete Erkundungen nach dem Stand der Dinge. Weiß Eleonora, dass in den Abruzzen jene Herzogin Maria Hardouin di Gallese, die Gabriele D'Annunzio mit achtzehn schwängerte, in Depression und Einsamkeit mit zwei Kindern auf ihn wartet und dass sie nach wie vor auf dem Papier seine Ehefrau ist? Weiß Eleonora, dass ihr Liebster, den sie Gabri nennt oder *figlio*, Sohn, eine aktuelle Geliebte hat, die ihren Mann und ihre Kinder für ihn im Stich ließ, und dass er mit dieser Prinzessin Maria Gravina Cruyllas di Ramacca aus Neapel eine gemeinsame Tochter hat, die Renata heißt und Cicciuzza genannt wird?

Setzt sie darauf, diesen Mann mit ihrer nicht enden wollenden Güte und Großzügigkeit zur Umkehr zu bewegen?

Im Juli 1897 gibt Eleonora ihre Wohnung im *Palazzo Wolkoff* auf, verlässt Venedig und zieht nach Settignano bei Florenz. In eine Villa, die nicht sie, sondern ihr Gabri *La Porziuncola* nennt, wie die Einsiedelei des heiligen Franziskus. Offenbar fand er, die schlichten, weiß getünchten Räume, sparsam eingerichtet, bedürften wenigstens jenes Pathos der Askese. In demselben Jahr bekommt D'Annunzios Gattin in den Abruzzen ihren dritten Sohn von ihm. Und er bezieht in Settignano gegenüber von der *Porziuncola* eine heruntergekommene Renaissance-Villa, *La Capponcina*, der er mit seinem Geschmack und dem Geld der Duse wieder Pracht und Glanz verleiht.

War es ein Fehler, Venedig zu verlassen? Aufzuwachen? Die Duse sieht, was er treibt, hört und liest, wie er auf seine

»Rechte des Fleischlichen« pocht, und spürt, wie Eifersucht sie aufzufressen beginnt.

Im März 1900 erscheint Gabris nächster großer Roman über einen gefeierten jungen Dichter und Komponisten, seine eifersüchtige, alternde Geliebte, Schauspielerin von Beruf, und deren junge, schöne Konkurrentin. Der Dichter ist ein Übermensch ohne Skrupel, immer im Vollgefühl dessen, eine Ausnahme zu sein, für den die Regeln und Gesetze der anderen Menschen nicht gelten. Dass D'Annunzio sein Spiegelbild Stelio Effrena nennt, macht die Schamlosigkeit seines Unterfangens deutlich: *Stelio* heißt im Italienischen die Sterneidechse, wendig, elegant, reptilienhaft und nicht zu fassen; und *effrenatus* bedeutet im Lateinischen nichts anderes als zügellos. Das Ganze spielt in Venedig, vor allem in jenem herbstlichen Venedig, an dessen morbider Schönheit sich D'Annunzio so sehr berauscht wie an seinen eigenen Worten. Das Buch heißt *Il Fuoco* – »Das Feuer«. Damit erlischt in Eleonora, was Gabriele an jenem 26. September in Venedig entflammt hat. Zuerst erklärt sie zwar noch heroisch: »Ich kenne den Roman, und ich werde den Druck nicht verhindern. Mein Leiden zählt nicht, wenn es darum geht, der italienischen Literatur noch ein Meisterwerk zu schenken.« Und dann: »Ich bin vierzig und ich liebe!« Aber ein Jahr später bereits gesteht sie einem Freund: »Er hat mich so bloßgestellt, dass ich mich nackt fühlte. Sein grausames Genie hat mich neu erschaffen. Er hat mich vorgeführt wie ein Tier auf dem Markt.«

Doch erst im März 1904, achteinhalb Jahre nach der Begegnung im *Danieli*, kommt es zum endgültigen Bruch. Die Duse will nichts mehr wissen von dem Mann, dessen Stücke sie auf Kosten ihres Privatvermögens ausgestattet hat mit Goldbrokaten, echtem Schmuck und museumsreifen Requisiten, die sie müde und enttäuscht auf ihren Tourneen vor halbleeren Häusern gespielt und für die sie ihm dennoch die vollen Tantiemen bezahlt hat. Sie hat genug von dem dicken roten Samt, mit dem er seine dünnen Lügen bedeckt. Doch es ist zu spät: Er hat Eleonora gebrochen wie alle Frauen in seinem Leben.

Im Sommer 1912 reist die Duse noch einmal für einige Monate nach Venedig. In Gesellschaft eines jungen Talents, das dichtet, skandalumwittert ist, berüchtigt für sexuelle Eskapaden, und darauf setzt, für die Duse Dramen schreiben zu können: Lina Poletti, deren offen ausgelebte Neigung zu Frauen der Duse wie fast jedem bekannt ist. Doch diesmal lässt sie die Liebesschwüre mit einem Lächeln an sich vorbeiziehen. Ist es ein abgeklärtes oder ein bitteres Lächeln? Die Duse wohnt bei der Fürstin Marie von Thurn und Taxis in der *Casetta rossa*, jenem rot gestrichenen Bau in einem großen Garten, der mit seiner Bescheidenheit

**RECHTE SEITE** | *Rückseite des Palazzo Pesaro degli Orfei: Nur ein kleines Schild am Campo San Beneto, auf dem schlicht »Fortuny« steht, weist den Weg zu Mariano Fortunys Atelier hinter einem traumverlorenen Innenhof. Auch Eleonora Duse wird es als ein besonderes Glück empfunden haben, diese schwülstige, aber betörende Welt zu betreten.*

verzaubert. Die *Casetta* gehört Maries Bruder, dem Fürsten Federico von Hohenlohe. Marie bewundert die Duse als »ein wunderbares, überragendes Wesen« und bemitleidet sie als »eine Verzweifelte«, eine »kranke, alternde, tief unglückliche Frau«.

Sie ist zurückgesunken in die Schwermut, aus der sie auch die Verehrung eines Genies nicht herausziehen kann, das jenes theatralische von D'Annunzio weit überragt. Rainer Maria Rilke, der ihr schon acht Jahre vorher sein Stück *Die weiße Fürstin* gewidmet hat, ist erregt von der Begegnung mit der angebeteten Tragödin. Doch sie erträgt selbst die Anbetung nicht mehr. Flieht aus seiner Nähe zuerst ohne jeden Gruß nach Murano, nach Chioggia und schließlich ganz weg aus dieser Stadt, die sie nun bedrängt mit schmerzlichen Erinnerungen.

Als sie achtzehn Jahre zuvor eingezogen war im *Palazzo Wolkoff*, erschien Eleonora die Serenissima noch paradiesisch und der Blick aus ihren Fenstern als ein Labsal. »Der Herbst ist ruhig, die Luft ist rein, und ich trage viel Frieden in meiner Seele.« Den hat D'Annunzio für immer verjagt, aus ihrer Seele und aus ihrem Venedig.

# *Rosalba Carriera*
# & Giorgio Paraffrini

# Geheimnisverrat in der Casa Biondetti

Erbrochene Siegel: Wer im Haus der hässlichen Porträtistin der Schönen ist der Verräter, der ihre Korrespondenz mit dem mecklenburgischen Herzog ausspioniert?

**LINKS** | *Vergessene Meisterin des schmelzenden Blickes: Zu Lebzeiten war Rosalba Carriera die begehrteste Pastellmalerin Europas und als Porträtistin beim Hochadel heiß begehrt. Heute kennen sie nur noch Liebhaber, die das Charisma der Rokoko-Porträtkunst zu schätzen wissen. Wie auch dieses Bildnis der Lucietta*

**LINKE SEITE** | *Im abgeschiedenen Alkoven des großen Palastes ein intimes Refugium: Auf die Tapete mit Ruinenmotiven antiker heidnischer Tempel ein Andachtbild der Madonna zu hängen, die wie alle Heiligen der Rosalba Carriera von sehr diesseitiger Anmut und Erotik ist, war für die Menschen damals ganz selbstverständlich.*

**VORHERIGE DOPPELSEITE** | *Nicht weit von der Casa Biondetti, dem Wohnhaus der Rosalba Carriera steht dieser Palast, den Baldassare Longhena um 1650 für den reichen Prokurator Filippo Bon entwarf. Der nach dem späteren Besitzer »Ca' Rezzonico« genannte Bau wurde nach Longhenas Tod 1682 von Giorgio Massari fortgeführt, doch erst hundert Jahre später vollendet.*

Bisher ist Rosalba davon ausgegangen, in Venedig beliebt zu sein. Ihren Erfolg neidet ihr keiner, weil sie hässlich, bescheiden und frei von Allüren ist. Den Frauen nimmt sie ihre Männer nicht weg, weil sie weder Zeit noch Nerven hat für einen Gatten oder Liebhaber, und ihren Kollegen macht sie den Ruhm nicht streitig, denn ihr Fach erscheint ihnen minderwertig, im Grunde weibisch: Rosalba Carriera ist Spezialistin für Miniatur- und Pastellmalerei.

Nett für eine Frau, sagen sich manche herablassend. Und erst recht für die Tochter einer Kunststickerin und eines subalternen Verwaltungsbeamten, die ihre künstlerische Laufbahn damit begonnen hat, Schnupftabaksdosen für verwöhnte Damen und Herren zu bepinseln. Was Rosalba malt, hat lange eher als Kunstgewerbe gegolten denn als Kunst, und ihre Lehrer waren talentiert, aber nicht berühmt. Außerdem war der für Rosalba wohl wichtigste von ihnen, der jüdische Künstler Pietro Liberi, bereits gestorben, als sie elf war. Keiner aber hätte jemals von ihr als einem Wunderkind geredet. Und auch die weitere Laufbahn war wenig spektakulär: Ein in Venedig gastierender Engländer, nur als Mr. Colle bekannt, hatte ihr Pastellkreiden geschenkt, ihr gezeigt, wie sie zu gebrauchen sind, und geraten, sich doch ganz auf das *dipingere al secco*, die so genannte Trockenmalerei zu verlegen.

Mittlerweile ist Rosalba Mitte dreißig und in Europa berühmt als Meisterin des gefälligen Porträts, als eine Frau, die scharfe Züge mildert, breite Gesichter verschlankt, Falten aufgehen lässt in einem Teint aus Porzellan und dabei dennoch allen Physiognomien das Unverwechselbare belässt, einen Blick, der einmalig ist, ob funkelnd vor Geist oder träumerisch.

Jeder, der so porträtiert wird, liebt den Porträtisten. Und jeder, der so porträtiert werden möchte, buhlt um dessen Gunst. Überheblich ist Rosalba trotzdem nicht geworden, und raffgierig schon gar nicht, obwohl gerade die männlichen Kollegen in Venedig, allen voran Tizian, seit jeher die oft schamlos hohen Honorare zum Kennzeichen ihres Erfolges gemacht hatten.

Rosalba rechnet ihre Kunst zu festen Sätzen ab, als handle es sich um Truthähne oder Tomaten: eine Miniatur fünfzig Zechinen, ein Pastellporträt, übliches Format, ohne Hände zwanzig, mit Händen dreißig.

Außerdem hat Rosalba Humor, was allein der Umstand beweist, dass ihr Jugendfreund Graf Maria Antonio Zanetti nach wie vor bei ihr ein- und ausgeht. Denn seine Karikatur von Rosalba hätte wohl jede andere Frau mit dem Abbruch jeglicher Beziehungen geahndet: ein stoppelbärtiges Wesen mit einem quadratischen Gesicht auf dürrem Hals, zahnlos grinsend.

Aus dem, was andere als ihr Geheimnis verklären, macht die Carriera keines: »Die Pinsel und die Farbe, die Sie sehen werden«, hat sie einem Besucher erklärt, der das Mysterium ihrer Werke ergründen wollte, in denen die Farben übergangslos miteinander verschmelzen, »also, die braucht es schon dazu.«

Feinde, glaubt jeder und auch Rosalba selbst, kann sie keine haben. Zumal sie das, was sie verdient, nicht etwa für Garderobe oder Schmuck ausgibt, daran liegt ihr noch weniger als an Männern. Sondern dafür, ihre Eltern zu unterstützen, den Lebensunterhalt der beiden jüngeren Schwestern zu sichern oder bankrotten Freunden unter die Arme zu greifen. Das Einzige an Repräsentation, was sie sich leistet, sind die musikalischen Abendeinladungen in ihrem nicht gerade mondänen Haus am *Canal Grande*, direkt neben der Bauruine des *Palazzo Venier dei Leoni* gelegen. Alle drei Schwestern, Rosalba, Angela und Naneta, sind begabt, die Malerin selbst singt anspruchsvolle Arien, spielt Violine und Cembalo und ist eine gefragte Begleiterin; auch für den galligen Zanetti, der einen süßen Geigenton hat.

Was zu Beginn des Jahres 1711 geschieht, ist also kaum zu erklären. Wer kann etwas haben gegen Rosalba Carriera? Wer spioniert hinter ihr drein? Wer ist es, der bei jedem Brief, der vom mecklenburgischen Hof in Schwerin an sie geschickt wird, das Siegel erbricht? Rosalba ist beunruhigt und empört.

Gut, es mag vielleicht Männer geben, die es verstimmt, dass die erfolgreiche Malerin keinen Ehemann unterhält. Denn auch wenn der sich nicht an ihren äußeren Reizen erfreuen könnte, so doch an ihrem Erfolg, ihrem Ruhm mit seinen finanziellen Folgen. *Reine du Pastel* preisen sie die Franzosen, *Prima Pittrice dell'Europa* ihre Landsleute. Und sogar die Kollegen versagen ihr nicht die Anerkennung. Der Bologneser Maler Crespi soll gesagt haben: »Damit eine Rosalba

*Dass eine Künstlerin wie Rosalba Carriera mit allen künstlerischen Techniken vertraut war, dass sie, auch wenn sie mit Pastellkreiden arbeitete, sich mit Pigmenten, Ölfarben, Grundierungen, Firnissen, Kupferstich und Fresko auskannte, weiß kaum mehr einer. Jene, die in diesem Künstlerbedarfsgeschäft in der Nähe der Accademia Pigmente zum Farbenmischen einkaufen, wissen derartige Vielseitigkeit noch zu schätzen.*

einen würdigen Gatten fände, müsste Guido Reni persönlich von den Toten auferstehen!« Und es gibt derzeit kein Genie, das mehr bewundert wird als Reni mit seinem leuchtenden Kolorit.

Obwohl die Pastellmalerei anfangs noch als Technik dritten Grades gilt, hat Rosalba ganz offiziell höchste Anerkennung geerntet: Seit fünf Jahren bereits ist sie Mitglied der römischen *Accademia di San Luca*, eine für Frauen ungewöhnliche Ehre, zu der ihr der Pastellkreiden-Spender Mr. Colle verholfen hatte.

Doch nun sieht es ganz so aus, als habe Rosalba Carriera Feinde. Herauszubekommen, wo die stehen, ist schwer, denn in der *Casa Biondetti*, wo Rosalba samt Eltern und jüngster Schwester wohnt, verkehren mehr Menschen als in jedem anderen Atelier der Stadt. Es geht dort oft zu wie in einem Taubenschlag. Das Studio Carriera wird mit Aufträgen überhäuft, Naneta ist eine unverzichtbare Gehilfin Rosalbas geworden und kopiert fleißig deren Arbeiten. Doch die hübsche Angela, ebenfalls lange Zeit als Assistentin zugange, ist leider nur noch selten da, denn sie hat vor einigen Jahren den Dekorationsmaler Antonio Pellegrini geheiratet, der nicht nur schnell malt – deswegen heißt er überall *Fa presto* –, sondern auch gefällig, und der deshalb quer durch Europa Wände und Decken bepinselt, von Frankreich bis England und Schottland, von Deutschland bis in den Süden Italiens.

Hat Antonio, lebenslustig, kommunikationsfreudig und oft sträflich naiv, jemanden eingeschleust, der Rosalbas Korrespondenz auskundschaftet?

An der Ehrlichkeit der üblichen Kunden und Besucher hier zu zweifeln wäre lästerlich, denn das sind zum Großteil Hochadlige. Die Herzöge Christian Ludwig von Mecklenburg und Maximilian I. von Bayern, der in Düsseldorf residierende bayrische Kurfürst Karl Albert und sein Amtskollege Karl VI. von der Pfalz, König Friedrich IV. von Dänemark, August der Starke, Kurfürst von Sachsen und König von Polen, und natürlich jeder vermögende Venezianer, der etwas auf sich hält. Giorgio Paraffrini, Geheimrat bei Karl Albert, schildert, wie friedlich es wider Erwarten bei Rosalba zugeht: »Eine gepuderte, in Samt und Seide gekleidete Menge, die bereit ist, jeden Preis für ein Erzeugnis ihrer Hand zu zahlen, belagert unablässig ihr Studio: Fürsten und Fürstinnen, Hofleute, Prälaten, Künstler, Kriegsleute aus allen Zonen, die einander fremd und verschieden an Sprache, an Sitten und Bräuchen – politische Gegner, zwischen denen der Krieg den Samen tödlichen Hasses, unversöhnlicher Feindschaft gesät hat – sie alle neigen sich in der gleichen Verehrung vor dieser Frau, der die Natur den Zauber der Schönheit versagt hat.«

Jetzt aber scheint es vorbei zu sein mit der friedlichen Idylle. Rosalba, als äußerst gutgläubig bekannt, muss es alarmieren, dass irgendwer meint, in ihrer Korrespondenz mit dem Mecklenburger Herzog seien brisante Informationen zu finden. Wer hat etwas gegen sie?

Hat es in Venedig irgendwen verärgert, dass der dänische König sich an Rosalbas wenig begnadetem Äußerem nicht stößt und bei öffentlichen Auftritten sich am liebsten

*Auch unter Venedigkennern sind viele, denen dieses illusionistische Fresko in der Ca' Rezzonico entgangen ist. Es zeigt, wie souverän die Maler dort ihre künstlerischen Verwirrspiele betrieben: Beim Freskomalen, das auf den noch feuchten Putz erfolgt, kann im Gegensatz zur Secco (=Trocken)-Malerei nichts korrigiert werden.*

in Begleitung der kleinwüchsigen Malerin mit dem stechenden Blick zeigt? Gibt es eine Frau, die ihr das neidet? Oder steckt hinter dieser Spionage vielleicht doch jemand, der im Dienst von einem ihrer vier Hauptauftraggeber handelt? Denn so befremdlich es klingt: Die sind zu Konkurrenten geworden.

Die beiden Bayern, Maximilian und Karl Albert, der Mecklenburger Herzog und der Dänenkönig sind nämlich alle auf dieselbe Idee verfallen: Rosalba soll ihnen eine Schönheitengalerie als venezianisches Souvenir anfertigen – zwölf Konterfeis der attraktivsten Venezianerinnen. Nicht, dass es ein Problem wäre, die zu finden. Aber erstens zieren sich einige, sei es, dass sie damit Gunstbeweise der Auftraggeber erzwingen wollen, sei es, weil sie nicht in wildfremden Salons hängen wollen wie Jagdtrophäen. Und zweitens weiß Rosalba kaum mehr aus noch ein vor Arbeit. Manche der hohen Herren können es nicht verstehen, dass Rosalba weder bestechlich ist – sie bleibt bei ihren Tarifen – noch von dem Grundsatz abweicht, dass der zuerst bedient wird, der zuerst bestellt hat.

Am ehesten müsste ihr Verdacht eigentlich auf Giorgio Paraffrini fallen, diesen Italiener in deutschen Diensten, denn dem hat sie, ohne es zu wollen, eins ausgewischt und vermutlich derartig geschadet, dass er seine Stelle als Geheimer Rat am Hof von Karl Albert verliert. Nicht dass dieser Schmeichler, schleimig und lügenhaft in jedem Satz, Mitleid verdient hätte. Im Gegenteil. Paraffrini hatte sich bereits eine beachtliche Sammlung an Pastellen von Rosalba erschlichen, die er als Provision für seine Vermittlertätigkeit angemessen fand. Und dann tat er so, als sei es allein seiner Einwirkung auf den Herzog zu verdanken, dass dieser Rosalba eine Stelle als Hofmalerin in Düsseldorf anbot mit einem enorm hohen Gehalt. Hinter dieser Offerte jedoch verbargen sich Paraffrinis ganz persönliche Interessen; es ging um sein politisches Überleben. Offenbar war der Kurfürst des Bologneser Karrieristen überdrüssig geworden, und der wusste, dass ihn nur eines retten konnte: die von seinem Dienstherrn angebetete Malerin für Düsseldorf zu begeistern. Doch Rosalba war nicht begeistert und sagte ab. Daraufhin ließ Paraffrini seine heuchlerische Höflichkeit fallen und schrieb Ende September 1710: »Ich bedaure die Signora Rosalba, die infolge all ihrer Rücksichten auf die Frau Mutter in Venedig bleiben muss. Sie scheint nicht zu wissen, dass es auch außerhalb der Lagunen noch eine Welt und Männer und Brot gibt.«

Rosalba quittierte die höhnischen Bemerkungen mit Gelassenheit. »Sie können versichert sein, dass ich sehr wohl weiß, dass es auch außerhalb der Lagunen eine Welt und Männer und Brot gibt. – Ich füge mich für jetzt dem Beschluss der Vorsehung, die es nun einmal nicht anders will, als dass meine Reisen sich um meinen Arbeitstisch herum abspielen, und gebe mich mit einem wenigen an Brot zufrieden. – Was die Männer betrifft, so merken Sie sich die große Wahrheit: dass nichts in der Welt mir weniger zu denken gibt. Sogar an dem Herrn Paraffrini würde mir nichts gelegen sein; auch wenn die Signora Margerita nicht seine

bessere Hälfte wäre.« Sie ist sich klar darüber, dass dieser Mann, der ihr einst Honig ums Maul geschmiert hat, jetzt über sie lästert und ihre Anspruchslosigkeit schlecht macht. »Die Demut ist gut, aber eine zu weit gehende Bescheidenheit ist von Übel«, giftet er.

Könnte er der Spion sein, der vielleicht erkunden will, ob Rosalba am Hof des Mecklenburgers eine Stelle anzunehmen gedenkt und ihre Absage der hilfsbedürftigen Eltern wegen nur ein Vorwand war?

An das Nächstliegende denkt Rosalba wohl lange nicht, denn sie wird nicht zufällig *casta diva*, keusche Göttin genannt.

Eine der venezianischen Schönheiten, die jeder der vier Konkurrenten in seiner Galerie haben will, ist die Procuratessa Lucrezia Mocenigo, genannt *Lucrezia dalle Perle*, weil sie aus dem Erbe der berühmten Familie eine Sammlung unvergleichlich schöner Perlenschmuckstücke besitzt. Und sie weiß, wie gut der Schimmer dieser Perlen den ihres Teints zur Geltung bringt. Vielen gilt Lucrezia derzeit als Venedigs schönste Frau. Und obwohl Christian Ludwig von Mecklenburg, was den aristokratischen Rang angeht, unter dem dänischen König steht, hat er bessere Aussichten, Lucrezia für eine Porträtsitzung bei der Carriera zu gewinnen. Denn er ist nebenbei ihr Liebhaber. Es kursiert in der Stadt bereits das Gerücht, der Mecklenburger habe die Konterfeis der elf anderen Schönheiten nur in Auftrag gegeben, um sein Interesse an Lucrezia, die schließlich verheiratet mit einem Prokurator ist, zu kaschieren. Hans Bötticher, der Vertrauensmann des Herzogs, schreibt in seinen Briefen an die Malerin jedenfalls unverhohlen, sein Dienstherr finde Signora Mocenigo charmanter als sämtliche anderen Damen. Und es gibt jemanden, den das besonders ärgern muss: den König von Dänemark. Erfolgsgewohnt hat er hier in Venedig auf jeder Einladung Porträts von sich selbst an die Schönheiten verteilt wie Visitenkarten, aber kaum eine von ihnen hat sich bisher bereit erklärt, Rosalba für den König Modell zu sitzen, schon gar nicht die Mocenigo. Frederick Meyberg, sein Kammerherr und Sekretär, ist angesäuert. »Bezüglich der für Seine Majestät übernommenen Porträts nur noch so viel«, schreibt er am 10. Januar 1710 mühsam beherrscht

*Auch Rosalba Carriera bekam zu spüren, dass in Venedig Männer die Macht besaßen. Wie ein Symbol dafür wirkt dieser virile Kopf an der Ca' Rezzonico, die Meisterwerke Rosalbas birgt.*

an die Carriera: »Ich bin nicht wenig erstaunt über die Nichtachtung gegenüber dem König von Seiten derjenigen Damen, die sich bisher noch nicht malen ließen.« Und im Auftrag des offenbar beleidigten Königs befiehlt er der Malerin, diese Damen ab sofort links liegen zu lassen: *Bisogna lasciarle stare!*

Vielleicht wittert der Dänenkönig nun, dass Lucrezia Mocenigo intime Gründe hat, dem konkurrierenden Auftraggeber aus Schwerin den Vorzug zu gewähren. Rosalba hat jedenfalls ihre Makellosigkeit bereits in einem Bildnis eingefangen und es dem Mecklenburger zukommen lassen.*

Es gäbe vor allem einen aktuellen Anlass, der umworbenen Schönen unter die Arme zu greifen. Lucrezia Mocenigo ist schon lange der Spielsucht verfallen, die sich in den zahlreichen venezianischen Casinos leicht befriedigen lässt. Und nun hat sie an einem einzigen Abend 6000 Dukaten verspielt. Weil sie nicht imstande ist, die Schulden umgehend zu begleichen, haben die Gläubiger gedroht, den Skandal öffentlich zu machen in der größten Zeitung Europas, der Kölnischen Zeitung. Und wie die Briefe des Mecklenburger Verehrers beweisen, hat er in Schwerin davon bereits Wind bekommen.

Wer die Briefe an Rosalba erbrochen hat, wird niemals geklärt. Aber eine Lehre ist ihr dieser Zwischenfall bestimmt. Sie, die von den jüngeren Schwestern bis ins hohe Alter hinein *putela*, Kindchen, genannt wird, muss sich allmählich daran gewöhnen, dass aus dem Atelier einer begehrten Porträtistin die Intrigen nicht herauszuhalten sind.

1720 wird Rosalba mit der ganzen Familie endlich eine große Reise antreten, nach Paris. Und dort nicht nur erstaunt feststellen, dass einige der adligen Kundinnen bei ihr ihre Kleider ablegen – und zwar alle, weil ein nebenehelicher Liebhaber ein Ganzkörperporträt wünscht. Rosalba wird dort auch erleben müssen, dass Bewunderung nicht schützt vor Betrug. Ihr Schwager Pellegrini, der ohnehin immer wieder auf Rosalbas Unterstützung angewiesen ist, weil er so wenig wie Angela mit Geld umgehen kann, wird Opfer eines Schwindlers. Rosalba müsste ihn als Spieler bereits aus Venedig kennen, diesen Schotten namens John Law. Hier ist er als *Contrôleur de la Banque Nationale* und Favorit des Regenten Philippe de Orléans vorübergehend zu Reichtum gekommen und zu vierzehn Immobilien, von denen Pellegrini möglichst viele ausmalen soll. Doch noch während Rosalbas Aufenthalt bricht das Kartenhaus dieses Mannes in sich zusammen, und noch bevor die Carriera-Sippe heimreist, flieht er mit einem Rest Barschaft und einem Ring nach Venedig. Das Honorar, das er Antonio Pellegrini gezahlt hat, erweist sich als Müll – entwertete, außer Kurs geratene Papiere. Und obwohl der so genannte schottische Fuchs nun vor der Tür seines Gläubigers wohnt, wird er niemals seine immensen Schulden begleichen.

Rosalba ist die Reiselust vergangen. Nur einmal noch wird sie eine große Fahrt antreten, an den Wiener Kaiserhof. Dabei betont sie doch oft, wie Vianelli berichtet, »das Einzige, worum sie die Männer beneide, sei die Freiheit der Bewegung, sich nach Belieben die Welt anzusehen«.

**FOLGENDE DOPPELSEITE** | *Dass Giambattista Rezzonico, dem die Ca' Rezzonico ihren Namen verdankt, zwei Jahre nach Fertigstellung (1756) als Papst Klemens XIII. berühmt wurde, rechtfertigt im Nachhinein den immensen Anspruch des Gebäudes. Bis ins Detail signalisiert es die Bedeutung seines Bewohners: Die Fensterformen sind exakt die von Sansovinos Markusbibliothek.*

**RECHTE SEITE** | *Lorbeerbekränzt, aber gealtert, enttäuscht und in sich gekehrt zeigte sich Rosalba Carriera auf diesem anrührenden Selbstbildnis, das um 1743 entstand.*

Aber ihre familiären Verpflichtungen und ihre Arbeit halten sie in Venedig fest.

Rosalba Carriera bleibt ihr Leben lang, was sie von Anfang an war: die glanzlose Porträtistin der glänzenden Welt. Wie ein Beamter erledigt sie weiterhin Auftrag um Auftrag. Und die einzige Freude, die sie sich gönnt, wird ihr entrissen: Ihre Familie, deren Ernährerin sie ist, stirbt weg. Rosalba steht in immer kürzeren Abständen in der Kirche *San Vio*, wie die Venezianer zu *San Vito* sagen, und muss mit ansehen, wie die Särge mit Vater, Mutter, kleiner Schwester und Schwager dort in der Familiengruft der Carriera versenkt werden.

Als ertrüge sie es nicht mehr, all die Schönheit zu sehen, die sie verewigt hat, erblindet Rosalba allmählich. Sie ist einundsiebzig, als 1746 ihr Augenlicht völlig erlischt. Elf Jahre lang muss sie es noch aushalten in dieser Finsternis, die sie in tiefe Schwermut stürzt.

Als Rosalba Carriera am 15. April 1757 stirbt, hat das Vergessen bereits begonnen. Und als das Jahrhundert endet, das niemand mit mehr Charme porträtiert hat als sie, redet längst keiner mehr vom großen Talent der kleinen, hässlichen Venezianerin. Es soll lange dauern, bis die Bildnisse in der *Ca' Rezzonico* und der *Galleria dell' Accademia* wieder ihre Bewunderer finden. Und es sind noch immer nicht viele, die erkennen, dass Rosalba Carriera etwas vermochte, das vielen anderen Porträtisten der Zeit versagt war: den Menschen ihr Idealbild von sich selbst zu liefern und dennoch ein Bildnis ihrer Seele zu schaffen.

* Nachdem Lucrezia sich zum ersten Mal von Rosalba hatte malen lassen, fand sie Geschmack daran. Es entstanden einige Miniaturen und Pastelle von ihr; eines befindet sich in den Staatlichen Gemäldesammlungen in Dresden.

nico

# Sara Copio Sullam

## Die scharfzüngige Blondine im Ghetto vecchio

Ihr Salon steht für Weltoffenheit inmitten der Enge des Ghettos und ist ein Magnet für Juden wie Christen – doch bis zuletzt muss sich die Dichterin mit der Waffe der Worte gegen infame Verleumder zur Wehr setzen.

**LINKS** | *Verständnis für die verfolgte Unschuld: Artemisia Gentileschi, eine Frau, die vergewaltigt und deshalb als gebrandmarkt verachtet wurde, malte dieses Bild der Susanna im Bade. Sie hätte Mitgefühl gehabt für das Schicksal der Sara Copio Sullam.*

**LINKE SEITE** | *Der Eingang ins Ghetto Vecchio von der* Fondamenta di Cannaregio *aus: Das ehemalige Wohngebiet der Juden, das nach den giftigen Resten des Bleigusses hieß, die hier entsorgt wurden –* gettare bedeutet *gießen –, stellt auch heute noch eine Insel dar, zu der Brücken und dieser düstere Durchgang, der* Sotoportego del Ghetto Vecchio, *führen.*

**VORHERIGE DOPPELSEITE** | *Ein jüdischer* Arlecchino *auf dem* Campo del Ghetto Nuovo: *Das Purimfest wird in Israel am 14., außerhalb Israels meist am 15. Adar des jüdischen Kalenders, also im Februar oder März gefeiert. Es gibt auch den angestammten Bewohnern des Ghettos Gelegenheit, sich zu maskieren, Umzüge zu veranstalten und fröhliche Gelage zu feiern.*

Sie wäre die Frau, von der Venedigs Männer träumen. Naturblond, grazil, höchst eloquent, dabei aber sanft im Umgang, eine Frau mit Esprit, Charisma, einer umfassenden Bildung und einem schwerreichen Vater. Sie könnte sich nicht retten vor Verehrern aus den angesehensten Familien, hätte sie nicht das, was in deren Augen einen schweren Makel darstellt, einen Geburtsfehler, der nicht zu tilgen ist: Sara Copio ist Jüdin.

Dort, wo sie aufwächst, hat Venedig ein anderes Gesicht. Paläste gibt es nicht, nicht einmal halbwegs elegante Häuser. Schmal und bis zu neun Stockwerke hoch ragen die Wohnblocks dort auf, die Etagen sind niedrig, die Treppenhäuser eng und dunkel, die Stiegen steil und aus Holz, rasch abgetreten von den zu vielen Mietern. Marmor gibt es hier nicht. Hölzern und mit einfachsten Mitteln hingezimmert sind die kleinen Altane, hölzern sind die Trennwände zwischen den stickigen Wohnungen, in denen acht bis zehn Menschen dicht gedrängt hausen. Viele Parteien müssen sich eine Küche, einen Waschraum, eine schäbige Toilette teilen. Wenn es in diesen Elendsquartieren stinkt, dann finden das die meisten christlichen Besucher in Ordnung, denn es entspricht ihrem Bild von den Juden. Und sie haben es auch gewissenhaft verhindert, dass sich daran so leicht etwas ändern könnte, denn ihre eigenen Bauherren dürfen die Juden nicht werden: Grundbesitz ist ihnen verboten. Und ebenso jedes Handwerk, mit dem sie für die venezianischen Zünfte eine Konkurrenz darstellen könnten. Auch Druckereien dürfen sie nicht betreiben, obwohl sie die besten Kenntnisse dazu besäßen, denn viele arbeiten als Schriftsetzer, Buchbinder und Korrektoren in Verlagen des venezianischen Adels. Nur Färber lässt man sie gerne sein, denn das ist ein hartes, schmutziges, nicht einträgliches Gewerbe.

Doch die Juden haben andere Möglichkeiten entdeckt, dennoch zu Geld und oft auch zu Ansehen zu kommen. Sie studieren Rechte oder Medizin in Padua, denn Richter und Ärzte sind immer gesucht in der streitbaren, seuchenbedrohten Serenissima. Sie pressen Olivenöl, stellen Wein her, betreiben eine Gastwirtschaft, in der auch jüdische Touristen koscher essen können, oder sind im Bankgeschäft wie Saras Vater Simone. Längst haben sie sich damit abgefunden, als Menschen dritter Klasse behandelt zu werden, denn immerhin werden sie hier nicht verfolgt. Die Insel *Giudecca* hatten, als sie noch *Spinalunga* hieß, die *giudei* in einen ertragreichen Garten verwandelt, doch später ist sie der venezianischen Obrigkeit zu schade gewesen für diese Bewohner. Für die, wurde befunden, tut es auch ein Revier mit schlechter Luft und verpesteten Böden.

Rings um die hohen Häuser des Ghettos liegen keine Paläste, nur ein paar Klostergärten und verdreckte Straßen, als wolle man einen Sicherheitsabstand wahren. Schmale, durch die Häuser gebaute Stollen, länger und deshalb düsterer als die üblichen *sottoporteghi* der Stadt, führen in das *Ghetto nuovo*. Und täglich gehen hier zahlreiche christliche Veneziander durch, die einen Kredit brauchen, denn am *Campo di Ghetto nuovo* befinden sich die jüdischen Banken. Die Christen suchen das Ghetto auch in Scharen auf, um sich Gebrauchtwaren zu kaufen, getragene Kleider vor allem, denn ein so wenig angesehenes Geschäft wie das mit den Lumpen überlassen die Christen den Juden gern. Manche ärgert es zwar, dass damit einiges zu verdienen ist, aber die Wohnverhältnisse im Ghetto lassen den Neid rasch erlöschen.

Sein Name verrät, warum dort keiner wohnen möchte. Dieser leitet sich ab von *gettare*, gießen. Gegossen wurden dort die Kanonenkugeln für die Republik. Zwölf Öfen hatten gestanden im *Ghetto vecchio*, im alten Ghetto. Und die giftigen, bleihaltigen Abfälle der Gießerei hatte man nebenan entsorgt. Weil diese Müllhalde erst später eröffnet worden war, hatten die Venezianer sie *Ghetto nuovo* genannt. Die Juden waren zuerst einmal dorthin gesperrt worden, bevor sie dann auch das *Ghetto vecchio* bezogen, wo Sara Copio wohnt.

Eigentlich heißt sie Sara Enriquez Avigdòr und ist Spanierin. Erst die Judenverfolgung dort hatte Ende des 15. Jahrhunderts auch ihre Ahnen hierher getrieben. Als Sara geboren wurde, ist *ghetto* in Italien längst zum Begriff für die kontrollierten geschlossenen Bezirke geworden, in denen die Juden zu leben gezwungen werden. Schon 1562 hatte Papst Pius IV. in seiner Bulle in diesem Sinn davon geredet. Keiner verfiele auf den Gedanken, sich aufzulehnen gegen jene Maßnahmen, die sich die Christen erdacht haben, um zwar zu profitieren vom jüdischen Geist, vom Unternehmensgeist vor allem, sich aber der Konkurrenz zu erwehren. Nutzen, aber klein halten, heißt das Prinzip. Notgedrungen nehmen die Juden in Venedig all die erniedrigenden Verordnungen hin, denen sich jeder beugen muss, der hier eine Aufenthaltserlaubnis bekommen möchte. Nicht jeder befolgt zwar die Vorschrift, außerhalb des Ghettos nur mit einem auf die Oberkleidung aufgenähten gelben Kreis herumzulaufen, wohl wissend, dass sich mit derselben Farbe die christlichen Huren kenntlich machen müssen – mit denen freilich die Juden keinerlei Hautkontakt haben dürfen; monströse Strafandrohungen wie Ausstechen der Augen oder Abhacken von Gliedmaßen nähmen auch jedem die Lust. Doch den übrigen Reglements widersetzt sich keiner.

Nachts, wenn das Leben überall sonst in Venedig noch einmal erwacht, wird es still auf dem *Campo di Ghetto nuovo*, dem Platz, wo die Brunnen fließen, die Gespräche der Hausfrauen plätschern und die Feilscherei mit Kunden sprudelt. Die Kreditanwärter, die dort tagsüber noch Schlange gestanden haben vor den Banken, sind wie alle anderen Kunden rechtzeitig verschwunden, denn jeder weiß, wann die hohen Tore des Ghettos geschlossen werden und ein Wächter in der Barke die Kanäle abfährt, um zu überprüfen, dass keiner versucht, Schranken oder Gesetze zu umgehen. Ein Kontrolleur, den die Juden bezahlen müssen.

Sara kennt das Leben nicht anders. Und sie lernt früh zu nutzen, was sich ihr hier im Ghetto an Möglichkeiten bietet. Allein schon durch den berühmtesten unter den vielleicht viertausend Juden, Leone da Modena. Er ist um die zwanzig Jahre älter als Sara und ein Senkrechtstarter: Mit zweiundzwanzig wurde er bereits Rabbi. Und Leone ist ein Mann, der viele andere ersetzt: Er selbst wird in seiner Autobiographie erklären, dass er sechsundzwanzig

*Die niedrigen Wohnungen in hohen, engbrüstigen Häusern, in denen sich die Juden des knappen zugestandenen Grundes wegen zusammendrängen mussten, üben eine große Faszination auf Venedigreisende aus, wirken sie doch wie mittelalterliche Hochhäuser. Beeindruckend ist der Kontrast der ärmlichen Gebäude zu dem riesengroßen, freien* Campo del Ghetto Nuovo, *auf den der Blick hier hinausgeht.*

**FOLGENDE DOPPELSEITE** | *Die* Scola Spagnola *ist die größte Synagoge Venedigs und wahrscheinlich die weltweit einzige, die seit ihrer Einweihung im 16. Jahrhundert bis heute immer ihre Funktion erfüllt hat – als* Beth ha Kenéseth *(Gebets- und Versammlungsraum), als Raum für das rituelle Bad* (Miqwéh) *und als* Beth Midràsh *(Studienort und Schule).*

**RECHTE SEITE** | Rio della Misericordia, *Fluss des Mitleids, heißt der Kanal, der das Ghetto Vecchio nordöstlich begrenzt. Mitleid allerdings hatten die Juden niemals erfahren in jenem ersten Ghetto Italiens, das 1516 entstand. Es wurden ihnen hohe Steuern abgenommen und ein Zwang zur Kennzeichnung auferlegt – Vorläufer des Judensterns.*

verschiedene Berufe ausgeübt habe, vom Lehrer für Juden wie Nichtjuden bis zum Komponisten, vom bezahlten Briefschreiber bis zum Richter, vom Korrektor von Druckfahnen bis zum Amulettverkäufer, vom Buchhändler bis zum Ehevermittler, vom Komödiendichter bis zum Sterndeuter. Auch was seine Lektüre angeht, ist Leone alles andere als schmalspurig: Die Predigten des fanatischen katholischen Bußpredigers Savonarola verschlingt er genauso begierig wie Boccaccios erotischen Klassiker, den *Decamerone*.

Und das Beste für Sara: Leone, geschlagen mit einer streitsüchtigen Frau, Asthma, Spielsucht, finanziellen Sorgen und familiären Problemen, sucht Verstärkung, geistige natürlich. Denn im Ghetto herrscht, ungefähr seit Sara zwanzig ist und Giacobbe Sullam geheiratet hat, eine Spannung, die unerträglich ist für einen wie Leone. Er stammt von einem der ersten Ghettobewohner ab und fühlt sich deswegen verantwortlich dafür, in dieser seiner eng umgrenzten Welt die Ordnung zu erhalten. Was ohnehin nicht leicht ist, denn hier vermischen sich verschiedene *Aschkenasim* – solche, die schon lange hier sind wie die *Todeschi*, die sich letztlich als Venezianer oder Venetier empfinden, mit solchen, die erst vor kurzem eingewandert sind aus dem Osten. Und daneben gibt es *Sephardim*, Levantiner und Ponentiner, die ihr Leben in Spanien und Portugal geprägt hat. Verzweifelt kämpft der Rabbi darum, die eigentlichen jüdischen Traditionen zu bewahren. »Heute gibt es«, zetert er, »nur wenige Juden, die einen ganzen Gedankengang auf Hebräisch formulieren können (…), weil sie die Sprache des Landes sprechen, in dem sie geboren und aufgewachsen sind; wenn es Italien war, dann Italienisch, wenn in Deutschland, dann Deutsch, wenn in der Levante, dann Berbertürkisch oder Maurisch und ähnliches.« Er selbst macht zwar auch Auflage dadurch, dass er seine monumentale Studie, eine Geschichte über die jüdischen Riten, auf Italienisch erscheinen lässt – *Historia de' Riti Hebraici* –, aber bei Leone gehören Widersprüche zum Charakter.

Kleinlich oder genussfeindlich kann ihn jedenfalls keiner schimpfen. Er ist stolz darauf, im Ghetto alles so detailgenau geregelt zu wissen, dass von einer Republik in der Republik geredet wird, aber er ist ebenso wenig streng orthodox wie die meisten anderen Juden in Venedig. Zu groß sind die Verführungen, die hier locken, zu reich die Feste, zu prächtig die Zeremonien, zu lustvoll die Feiern, als dass man ihnen widerstehen sollte. Und es schert kaum einen der jüdischen Venezianer, dass es ihnen offiziell untersagt ist, teilzunehmen an den Festlichkeiten der katholischen. Leone selber bittet ungeniert einen christlichen Freund, ihm doch einen guten Platz zu reservieren, von wo er einen ungehinderten Blick auf die große Regatta habe, und es kümmert ihn nicht, wenn das Wettrudern an einem der jüdischen Bußtage vor dem *Aw*-Fasten stattfindet. Seine Glaubensgenossen hier finden es ja auch ganz natürlich, den christlichen Nachbarn im Ort zu zeigen, dass die nicht das Recht auf Vergnügungen für sich gepachtet haben. Beim *Purim*-Fest führen sie Karneval auf Jüdisch vor, verkleiden sich nicht weniger verrückt als die Katholiken und setzen sich Masken auf.

**LINKS** | *Die Dichterin Sara Copio Sullam, 1641 gestorben, lebt – in ihren leider kaum bekannten Werken und in den Venezianerinnen, die ihren Namen tragen und wissen, von wem er erzählt.*

**RECHTE SEITE** | *Frauenempore in der Scola Spagnola: Die Frauen waren von jeher unter sich in der Synagoge und blieben den Blicken der Männer durch einen Sichtschutz verborgen.*

Saras Lehrer Leone ist ein Rabbi, der wenig hält von Enthaltsamkeit um ihrer selbst willen. Er selber hat dafür gesorgt, dass in den Synagogen Musik gemacht werden darf, dass in der *Scola Spagnola* ein Männerchor singt, und er betätigt sich selbst als Kapellmeister.

Keiner versteht es besser als Leone, dass die Juden es sich nicht nehmen lassen, ihrem ärmlichen Geviert einen Schimmer von Luxus zu verleihen. Ein paar Strenggläubige hatten zwar bereits Gesetze formuliert, die den Frauen verboten, sich die Haare zu blondie-ren, außer Haus Kopfputz, Perücken, Schmuck und hohe Absätze zu tragen; die jedem untersagten, Rüschen, Samt, Brokatstoffe oder Stickereien in Gold oder Silber in der Öffentlichkeit vorzuführen, die sogar Hochzeitsbankette auf maximal zwanzig Tischgäste beschränkten. Doch einen Monat bevor das Gesetz in Kraft treten sollte, war es annulliert worden. Die Lust am Leben hatte gesiegt.

Leone stößt sich an etwas ganz anderem und, wie er glaubt, wirklich Brisantem: Einiges läuft hier im Ghetto aus dem Ruder, und schuld daran sind aus seiner Sicht die *Sephardim*. Sie haben kabbalistische Ideen ins Ghetto geschleust, die er für gefährliche Keime hält, für eine Saat der Häresie, und Leone ist nicht bereit, sie aufgehen zu lassen. Natürlich versucht er, sie zu vernichten mit der beißenden Schärfe, für die er berüchtigt ist und die er über die vermeintlichen Ketzer ausschüttet mit seinem Werk *Ari Nohem*, zu Deutsch: »Der brüllende Löwe«. Doch eine wie Sara kann mehr bewirken als diese ätzende Tirade.

Sara ist ein sympathisches Musterbeispiel für das, was er predigt. Ihre Sippe kommt aus Spanien, die Eltern sind *Sephardim*, aber sie beschäftigt sich nicht mit kabbalistischen Geheimlehren. Sie ist für Leone ein Wunschkind, denn einer seiner Söhne ist ermordet worden, der andere hat sich unfreiwillig in seinem Chemielabor vergiftet, der dritte ist ein schwarzes Schaf und wird immer wieder polizeilich gesucht. Die Tochter des reichen Simone Copio jedoch ist ganz nach seinem Geschmack: Ihr Verstand ist so scharf wie ihre Zunge, ihr Wissensdurst so groß wie ihre Sprachbegabung. Lateinisch und Hebräisch, Italienisch, Griechisch und Spanisch beherrscht sie perfekt. Und zu ihren Studienfächern gehören nicht nur jüdische Geschichte und Literatur, sondern auch Philosophie und Theologie. Diese Schülerin ist das beste Argument für ein Judentum, wie er es verteidigt. Sie ist schön, aber geistig, sie ist intellektuell, aber liebenswürdig, feminin, aber kämpferisch, fromm, aber sinnlich. Eine aufgeschlossene Frau, die es den Männern zeigt.

Es müsste Leone klar sein, dass es auf Dauer nicht gut gehen kann. Dass Saras Sicherheit jene, die sie verunsichert, zu Feinden macht. Auch Sara müsste es ahnen, dass sie nicht ungeschoren davonkommt.

Doch zuerst läuft alles friedlich und perfekt. Der Salon im Hause der Sara Copio Sullam übt wie die Predigten des

Leone da Modena eine magische Anziehungskraft aus, auch auf christliche Venezianer und Venedigbesucher aus ganz Europa. Saras Weltoffenheit macht neugierig. Begeistert hat sie im Mai 1618 einem adligen Genueser Dichter namens Ansaldo Cebà, vierunddreißig Jahre älter als sie, gratuliert zu seinem epischen Gedicht über die Königin Esther. Ein Briefwechsel auf höchstem Niveau beginnt, druckreif in jeder Wendung. Doch Cebà kann es nicht dabei belassen, Gedankenaustausch mit der jungen Jüdin zu pflegen, es reicht ihm nicht, dass Sara ihm ein Porträt von sich schickt, nachdem er sie mit seinem bedacht hat. Unbedingt will er einen Erfolg als Missionar verbuchen und Sara zum Christentum bekehren. Vier Jahre lang bearbeitet er sie – ohne Erfolg. Da hat es Cebà satt und erklärt Sara verärgert: »Wenn Ihr nicht gedenkt, Euch zu bekehren, legt Eure Feder aus der Hand; denn ohne diesen Beweggrund vermag ich meine nicht zu führen.«

Profitieren möchte er allerdings doch von der Korrespondenz, schließlich will er seine dreiundfünfzig Briefe nicht umsonst so feinsinnig formuliert haben: Ein Jahr, nachdem er gebrochen hat mit Sara, erscheint in Genua ein Band mit sämtlichen Briefen von Cebà an Sara; eine Kopie dieser Ausgabe befindet sich noch heute im *Civico Museo Correr*. Doch er veröffentlicht darin keinen einzigen von Saras Briefen. Hat er sie vernichtet, weil er die Jüdin nicht teilhaben lassen will an dem Ruhm? Möchte er den Lesern vorenthalten, dass diese Frau ihm Widerstand geleistet hat, dass er sie nicht umzustimmen vermochte und dass sie mit lächelnder Sicherheit auf ihrem Glauben bestand? Will er es verheimlichen, dass der Stil von Sara Copio Sullam mindestens ebenso geschliffen ist wie seiner und dass ihre Argumente stichhaltig sind?

Aufsehen hat die Korrespondenz der beiden dennoch erregt. Aber anstatt Sara zu bewundern, suchen die männlichen Neider sofort nach ihrem Ghostwriter. Wer steht hinter ihr?

Angelico Aprosio, ein Mönch aus Frankreich, war überhaupt nur nach Venedig gereist, weil er von Sara gehört hatte und unbedingt in ihren Salon eingelassen werden wollte. Aber nun erklärt er sofort, sie selber habe bestimmt nicht genügend Geist, um einem wie Cebà die Stirn zu bieten. Andere verbreiten das Gerücht, Saras Briefe habe ihr Lehrer, Leone da Modena, verfasst. Und außerdem wird geklatscht, ein gewisser Numidio Paluzzi, ein zugezogener, bestenfalls mittelmäßiger Dichter, sei der Mann, der in Saras Namen mit Cebà korrespondiert habe. Das behauptet wohl vor allem Numidio Paluzzi selber, denn er hat weder Charakter noch Erfolg oder Geld, ist voll auf Saras Unterstützung angewiesen und gedenkt offenbar, sich für diesen Umstand zu rächen, indem er seine Gönnerin denunziert und gegen sie intrigiert.

Sara ist es gewesen, die Paluzzi in ihrem Haus Unterkunft und eine gut bezahlte Stelle verschafft hat, als er, von

*Die gusseiserne Brücke, die von der* Fondamenta Ormesini, *der Uferstraße auf der christlichen Seite, hinüber ins Ghetto führt, ist ein Weg in eine andere Welt mit eigenen Schulen, Riten, Gesetzen und Traditionen. Nicht freiwillig, sondern genötigt von der Regierung der Stadt, schlossen sich dort allabendlich die Tore. Kontrollposten patrouillierten zu Wasser und zu Lande, um zu überwachen, dass niemand mehr das Ghetto verließ. Bezahlen mussten die Juden sie für ihre unerbetenen Dienste.*

seinem ehemaligen Arbeitgeber entlassen, zerlumpt und syphiliskrank in Venedig auftauchte. Sie zahlt ihm ärztliche Betreuung und füttert ihn samt Diener großzügig durch, wofür sich Paluzzi mit einer groß angelegten Verleumdungskampagne bedankt. Auf seiner früheren Stelle war er Sekretär gewesen, jetzt behauptet er, Saras Lehrer zu sein und eben ihr Ghostwriter. Seine Intelligenz reicht immerhin aus, um zu spüren, wie leicht Sara auszubeuten ist. Er hängt ihr eine obskure Geschichte an, die Sara unterstellt, sie glaube an Geister und magische Kräfte; erfunden hat er sie nur, um Sara erneut abzukochen. Schließlich lässt sich Paluzzi das Honorar für drei Monate im Voraus auszahlen, stiehlt alles zusammen, was er im Haus an mobilen Kostbarkeiten raffen kann und flieht nach Friaul.

Sara weiß mittlerweile, dass sie einen schweren Stand hat. Und dass sie in ihrer weltoffenen Gutherzigkeit andere herausfordert zu Angriffen übelster Art. Theoretisch hat sie gelernt sich zu verteidigen, praktisch aber noch nicht.

Rhetorisch meisterlich hat sie sich gegen den Vorwurf von Baldassarre Bonifacio verteidigt, den Erzdiakon von Treviso, der Sara beschuldigt, eine Ketzerin zu sein, weil sie die Unsterblichkeit der Seele leugne. Sara weiß, dass dieser Vorwurf nicht nur ihren Ruf, sondern ihr Leben gefährdet. Und das Manifest, in dem sie 1621, mit gerade erst neunundzwanzig, Bonifacio antwortet, lässt an Deutlichkeit nichts zu wünschen übrig. Selbstbewusst erklärt sie gleich zu Beginn des Buches, es werde den Lesern wohl befremdlich erscheinen, wenn ihr »in dieser Stadt wirklich nicht unbekannter Name zum ersten Mal gedruckt erscheint im Zusammenhang mit einer ganz anderen Materie, als man vielleicht aus meiner Feder erwarten könnte. Aber ein anderer hat mich, sei es aus Böswilligkeit, Einfalt oder Unbedachtheit, dazu gezwungen«. Wie Sara dem Diakon Bonifacio die Meinung stößt und zu erkennen gibt, dass sie ihn für einen Blender hält, ist alles andere als zimperlich. »Ihr wisst, dass Ihr weder Philosoph noch Theologe seid, und wenn ich nicht irre, habe ich aus Eurem eigenen Munde gehört, dass Wissenschaften nicht zu Eurem Beruf gehören.« Ohne Wissen jedoch, sagt sie, könne man nicht schreiben, das sei die unverzichtbare Grundlage. Bonifacios Anwürfe bezeichnet sie als »geschmacklosen Scherz«. Und ihn selbst verspottet sie als »tapferen Frauenherausforderer«, der sich bewusst sei, keinem männlichen Gelehrten Paroli bieten zu können, und deshalb auf eine weibliche Gegnerin einschlage, in der Hoffnung, die gebe klein bei. Bonifacio komme ihr vor, sagt Sara, wie Leute, die sich mit teuren Kleidern behängen, um körperliche Mängel zu bemänteln, »quasi als ob die äußere Schönheit den inneren Defekt kompensieren könne, und die sich nicht klar werden darüber, dass auf diese Weise die Defekte nur deutlicher werden und die Blicke der Anwesenden geradezu darauf gelenkt werden«. Anders gesagt: Bonifacio mache mit seinem aggressiven Geschwätz nur aufmerksam auf seine Ahnungslosigkeit. »Und selbst wenn Ihr mich aufs Neue mit tausend

*Verglichen mit anderen Kanälen Venedigs ist der* Rio del Ghetto Nuovo *meist ruhig. Von dem geschäftigen Leben früherer Zeiten, wo hier Schuster, Schneider, Pfandleiher verkehrten – einen »edlen« Beruf zu ergreifen war den Juden verboten –, ist nichts mehr zu spüren. Die Gelehrsamkeit allerdings konnten die christlichen Herren im Ghetto nicht unterdrücken, wofür Sara Copio Sullam ein überzeugendes Beispiel liefert.*

Injurien provozieren würdet«, erklärt Sara zum Abschluss, »käme von mir nicht eine Replik mehr, um meine Zeit nicht unnütz zu vertun.«

Allein mit den Waffen des Wortes hat sie den Erzdiakon erledigt, aber gegen die Infamie eines Numidio Paluzzi ist Sara anscheinend wehrlos. Als der verwahrlost, siech und völlig mittellos in das Ghetto zurückkehrt, nimmt Sara Copio ihn erneut auf und bezahlt ihm ein Zimmer im Haus ihrer besten Dienerin Paola, der sie wie einer Mutter vertraut. Trübt ihr das Mitleid den Blick? Oder will sie als Jüdin jene selbstlose, alles verzeihende Nächstenliebe beweisen, die Christen für sich in Anspruch nehmen? Oder hofft sie gar, Paluzzi habe sich geändert?

Numidio führt umgehend vor, dass das nicht der Fall ist. Es gelingt ihm, Paola umzudrehen – er redet ihr ein, mit seiner Hilfe werde sie Großes vollbringen. Paluzzi schafft es außerdem, eine Marranin*, eine zwangsgetaufte Jüdin aus Granada, die ihrer dunklen Hautfarbe wegen *Mora* genannt wird, für sich zu gewinnen, und als gut organisiertes Trio beginnen sie, Sara systematisch zu berauben. Berardelli, ein mäßiger Maler, und drei Kinder von Paola vervollständigen die Bande.

Mit welchem faulen Zauber Paluzzi die anderen dazu bringt, der Herrin Gold, Schmuck und Hausrat zu stehlen, ist nicht bekannt. Nur, dass Sara irgendwann dahinterkommt und die kriminellen Schützlinge anzeigt bei den *Signori di Notte al Criminal.* Doch Paluzzi und auch Berardelli sind aus härterem Holz geschnitzt als Sara. Dreist antworten sie mit einem Gegenangriff und verteilen im ganzen Ghetto Schmähschriften, so genannte *Sarreidi,* die Sara beleidigen und verleumden.

Nicht das Gericht, sondern die Syphilis setzt Paluzzis Machenschaften kurz darauf ein Ende. Aufatmen kann Sara jedoch noch immer nicht, denn Berardelli veröffentlicht 1625 alles, was er an schriftlichen Hinterlassenschaften seines Komplizen zusammenkratzen konnte, und beschuldigt im Vorwort des Buches niemand anderen als Sara Copio Sullam, sie habe Plagiate Numidios als eigene Werke ausgegeben. Und es sieht so aus, als würden die Rufmörder siegen und der Nachwelt jenes Zerrbild der klugen Jüdin hinterlassen, das sie gezeichnet haben.

Hat Sara all das abgehärtet? Ist sie weniger verletzbar geworden? Sie überlebt jedenfalls jene verheerende Pest, die von 1630 bis in den Winter 1631 über vierhundert Juden das Leben kostet und um die 2000 aus dem Ghetto fliehen lässt. Im christlichen Teil Venedigs hat die Seuche noch schlimmer gewütet; ein Drittel der Bevölkerung hat sie hinweggerafft. Sara erlebt noch, wie neu zugezogene Juden das *Ghetto nuovissimo* beziehen, ein Wohnviertel ohne Geschäfte, ohne Banken, sogar ohne Synagoge, in dem schöne Palazzi stehen. Doch ihre eigene Ehrenrettung erlebt sie nicht mehr.

Sie wäre stolz darauf gewesen, dass Leone da Modena die Verse verfasste, die in ihren Grabstein eingemeißelt werden. Verse, in denen er Sara den Namen jener verklärten Geliebten gibt, die im Hohen Lied Salomons gepriesen wird – er nennt seine schöne Freundin Sulamith.

*Der Grabstein der Sara Copio Sullam im* Cimitero Ebraico di San Nicolò *auf dem Lido rühmt die Dichterin in höchsten Tönen. Zwischen diesem alten jüdischen Friedhof und dem neuen liegt der christliche Friedhof für die Bewohner des Lido. Zumindest nach dem Tode ist die friedliche Koexistenz möglich.*

»Das ist der Stein der erlesenen
Signora Sara, Frau des noch lebenden
Giacobbe Sullam.
Der auslöschende Engel schoss seinen Pfeil,
der Sara tödlich verwundete.
Eine Dame von großer Intelligenz
Eine Weise unter den Frauen,
die Menschen in Not unterstützte.
Die Armen fanden einen Gefährten und Freund in ihr.
Obwohl Sara nun wehrlos gegen Insekten daliegt,
wird am Tag des Gerichtes Gott sagen:
Kehr zurück, kehr zurück, Sulamith.
Sie gab ihr Leben auf am 6. Tag des *Adar*
nach dem Jüdischen Kalender.
Möge ihre Seele die ewige Schönheit genießen.«

Hätte Saras weite Seele es genossen, dass zwischen dem neuen jüdischen Friedhof von *San Nicolò di Lido*, auf dem sie begraben wurde, und dem alten jüdischen dort der christliche liegt? Hätte sie sich daran erfreut, dass jenes Eingangstor zum Friedhof, das 1924 errichtet wird, ein Architekt entwirft, der Guido Costante Sullam heißt?

Es gibt wohl nur eines, was ihr bewiesen hätte, dass sie zu Recht an die Unzerstörbarkeit der Seele geglaubt hat: Giulia Soliga, eine Venezianerin, über die wir fast nichts wissen, wird nach Saras Tod die Wahrheit dokumentieren über jene Frau, deren Güte missbraucht und deren Ansehen geschändet worden war.

Giulia Soliga hat es geschafft, die Rufmörder der Sara Copio Sullam doch noch zu richten. Und nicht nur Saras Manifest, sondern auch ihre Sonette vor dem Vergessen zu bewahren.

* »Marranen« nannten die Spanier zwangsweise getaufte Juden, die insgeheim ihrem jüdischen Glauben treu blieben, und gaben damit ihren Antisemitismus schamlos kund, denn marrano bedeutet »Schwein« oder »Gauner«. Das Schimpfwort setzte sich leider in der Umgangssprache fest und wurde auch im venezianischen Ghetto verwendet, wo die Herkunft des Ausdrucks nicht bekannt war.

# Angela Zaffetta

# Der Triumph einer erniedrigten Frau im Palazzo Bollani Erizzo

Aufstieg nach unsäglicher Schmach: Dank des scharfzüngigen Dichters Pietro Aretino und seines Malerfreundes Tizian wird die schöne Angela doch noch eine »ehrenwerte Kurtisane«.

**LINKE SEITE** | *Venedig bleibt auch für Kenner oft noch ein Labyrinth. Schuld daran ist die Vielzahl von Wegen, die nicht weiterführen, sondern nur am Wasser enden. Viele Möglichkeiten, eine Frau wie Angela zu jagen und in die Enge zu treiben.*

**VORHERIGE DOPPELSEITE** | *Der* Rialto *war nicht nur der Platz, an dem Kaufleute und Bankiers verkehrten, er war auch Markt für Lebensmittel und käufliche Liebe. So konnten die Geschäftsleute nach dem Beruflichen gleich die private Unterhaltung organisieren. Heute wird hier – wie in der* Pescaria, *der Fischmarkthalle – nur noch Verzehrbares verkauft.*

Giulia Moro hat einen aussichtsreichen Beruf ergriffen, schon mit ungefähr sechzehn: Sie ist eine *mammola*, ein Veilchen. Sie weiß, nur in diesem Fach hat sie Chancen, ans große Geld zu kommen, an schöne Kleider, an Schmuck und eine Wohnung, in der es keine Ratten gibt und keine Wanzen. Sie behauptet zwar, die Tochter des Prokurators Grimani zu sein, aber nachdem er nicht so freundlich ist, sie anzuerkennen, hilft das wenig.

Als sie im April 1531 von einem kurzen Ausflug ins nahe Chioggia zurückkehrt nach Venedig, stellt sie fest: Sie ist berühmt. Überall steht es auf den Mauern zu lesen: »Am 6. April befriedigte Angela Zaffetta alle.« Zaffetta heißt Giulia hier, weil ihr Vater das ist, was auf Venezianisch *zaffo* heißt, ein Spitzel und Scherge, eine Art Geheimpolizist. Angela hat sie sich wohl genannt, um diesen unfreundlichen Spitznamen auszugleichen, und auch, weil sie dafür bekannt werden will, dass sie himmlische Freuden beschert.

Angela ist jung, aber erfahren. Sie weiß genau, wer die Parolen auf die Fassaden hat schmieren lassen. Und was mit diesem Satz gemeint ist, wissen alle Venezianer genau. Angela hat das hinter sich, was man einen *trentuno* nennt.

Begonnen hatte der Ausflug sehr erfreulich: Lorenzo Veniero, dichtender Adliger oder, wie er selber sagen würde, adliger Dichter, ist einer von Angelas Verehrern. Ein Stammkunde, der seine Rechte hat, weil er dafür garantiert, dass ihre monatlichen Grundkosten finanziert sind. Auch das weiß und versteht in Venedig jeder. Nur ahnungslose Touristen sind erstaunt, welchen Lebensstandard sich hier einige der käuflichen Damen leisten können, weil sie meinen, die lebten nur von den Zufallsfreiern. Von dem ökonomischen Abonnentensystem, das hier gebräuchlich ist, haben sie keine Ahnung.

Wer sich in Venedig etwas auskennt, weiß, dass kaum etwas so gewissenhaft geregelt ist wie das Geschäft mit der Liebe. Da gibt es klare Hierarchien, feine sprachliche Unterschiede, spezielle Guides für die Fremden, die ebenso von Einheimischen benutzt werden, da gibt es festgelegte Tarife, Regeln, Listen, geschriebene wie ungeschriebene Gesetze und offizielle wie inoffizielle Strafen bei Zuwiderhandlung. Es ist genau festgelegt, wo und wann käufliche Frauen sich zeigen dürfen und wo und wann nicht. Nur an den Fenstern bei jener Brücke, die deshalb *Ponte delle Tette* heißt, ist es ihnen erlaubt, ihre Brüste nackt auszustellen, nur in der Gegend um den *Rialto*, die jeder Tourist als Nuttenviertel kennt, sind sie davor sicher, Ärger mit Polizisten oder Moralisten zu bekommen, wenn sie auf den *calle*, *ponte* und *fondamente* Ausschau nach Kunden halten. Die *ridotti*, die Spielcasinos, zu betreten ist ihnen genauso streng untersagt wie bei sich zu Hause andere Spiele um Geld zu veranstalten als Liebesspiele.

Angela Zaffetta ist jung, aber sie kennt sich perfekt aus im Labyrinth ihres Gewerbes. Willkommen sind Frauen wie sie natürlich an der *Fondamenta della Stua*, nicht weit vom Vergnügungszentrum *Rialto*, denn wer dort in eins der sogenannten Bäder geht, die auf Venezianisch *stue* (sonst *stufe*) heißen, will nicht nur mit Wasser, Seife und Bürste behandelt werden. Nachdem die freie Liebe in Venedig Touristen aus aller Welt anzieht, an den Fremden gut zu verdienen ist und die Freudenmädchen Steuern entrichten müssen, geht die venezianische Obrigkeit nur dort gegen die fleißigen Frauen vor, wo es den Geldfluss nicht hemmt. So ist ihnen bei hohen Geldstrafen verboten, im Namen Gottes, der Muttergottes oder irgendwelcher Heiligen zu fluchen, aber keiner hindert sie daran, ihren Beruf möglichst gewinnbringend auszuüben.

Um in Angelas Metier arbeiten zu können, gilt es trotzdem, einige Hürden zu überwinden. Ob eine Kurtisane mit Kupplerin oder Kuppler arbeitet oder ganz selbstständig, wird in den Katalogen zwar gesagt, interessiert die Obrigkeit aber nicht. Allerdings besteht diese darauf, dass jedes Freudenmädchen Bürgen hat und sich selbst als Hure kenntlich macht durch gelbe Strümpfe oder ein gelbes Halstuch – was von den Erfolgreichen im Geschäft natürlich ignoriert wird. Die stehen so weit über den billigen Dirnen wie eine Contessa oder Duchessa.

Darüber regen sich nur wenige auf, einer wie Speroni, ein gelehrter, aber nach jugendlichen Exzessen offenbar prüder gewordener Schriftsteller. Der entrüstet sich in einer gedruckten Rede, dass neuerdings mit der Berufsbezeichnung *cortigiana* – Kurtisane – ein »altes, aber niedriges und schmutziges Gewerbe« aufgewertet werde, in dem nur der weibliche Abschaum zugange sei. Bisher habe man diese »Frauen von schlechtem Lebenswandel« doch auch bei dem richtigen Namen, also *scorte* oder *puttane* genannt. Gegen das zärtliche *mammole* wenigstens wettert er nicht. Doch kaum jemand nimmt Speronis Protestgeschrei zur Kenntnis. Zugegeben, es gehört Chuzpe dazu, sich als käufliche Dame *cortigiana* zu nennen, denn es ist allseits bekannt, was mit dem männlichen Gegenstück gemeint ist, dessen Qualitäten Baldassare Castiglione in seinem berühmten *Libro del Cortegiano*, dem »Buch über den Höfling«, erschienen 1528, gepriesen hat. Andererseits: Was Castiglione von einem formvollendeten Höfling an Talenten verlangt, können einige unter diesen Damen bieten: Sie verfügen über erlesene Umgangsformen, Stil, Bildung, Eleganz, verfassen Gedichte in makelloser Metrik und geschliffene Briefe und besitzen *argutezza*, jene spitzfindige Scharfsinnigkeit, die sie wohl auch auf die Idee brachte, sich *cortigiane* zu nennen. Manche nennen sich sogar, um sich abzugrenzen von jenen, denen diese geistige Luxusausstattung fehlt, *cortigiane oneste*, ehrenwerte Kurtisanen.

Freilich ist die *corte*, der Hof, an dem sie verkehren, kein fürstlicher. Die Kurtisanen der oberen Kategorie halten selber Hof. Sie haben mehrere Bedienstete, oft einen eigenen Gondoliere. In ihrem Ankleidezimmer steht eine Batterie von Flaschen und Dosen mit Tinkturen, Duftwässern, Salben, Pudern und Schminke bereit, liegen verschiedenste Bürsten, Kämme, Spangen, Scheren und Messer wohlgeordnet da. In den Vorhöfen und auf den Altanen ihrer Wohnungen verbreiten exotische Pflanzen einen betörenden Duft, um die Liebhaber auch an jenen Tagen in amouröse Stimmung zu versetzen, an denen der Schwefelgestank der Kanäle sie zu ersticken droht. Stolz bekennen sie sich öffentlich zu

*Wie zur Zeit der Angela Zaffetta wird in einfachen Haushalten wie in grandiosen Palästen exzessiv gefeiert im engen Kreis. Die Lust an langen Nächten in privaten Salons und Hinterzimmern wird auch kultiviert, um sich abzugrenzen gegen das alles durch-dringende touristische Treiben.*

*Enge Küchen, verwinkelte Treppen, verschwiegene Innenhöfe, versteckte* Bàcari, *wie die alten Weinlokale Venedigs nach dem zuständigen Gott Bacchus heißen: Dass Venedig seinen Reiz nicht verliert, hängt damit zusammen, dass nach wie vor Entdeckungen möglich sind.*

diesem hart verdienten Reichtum. »Meine Kredenz ist beladen mit Silbergerät«, erklärt eine Kollegin von Angela in einem Werk, das 1532, ein Jahr nach Angelas schicksalhaftem Ausflug, in Venedig erscheint, »mein Keller ist bis zum Überfluss versehen, meine Küche strotzt von Brot, Öl und Salz. Der Tisch des Königs ist nicht reicher als der meine; an jedem Tag sieht man darauf Wachteln und Kapaune, Fasane und Rebhühner, Torten und Marzipan. Meine weißen und roten Weine gehören zu den erlesensten.« Eine Kurtisane von Niveau darf nicht geizen, denn die Gäste, die sie empfängt, sind elitäre Verhältnisse gewohnt. Die Hausbibliothek ist beachtlich und enthält oft auch lateinische Werke, die Ausstattung der Wohnungen ist opulent. »Die Wände meines Hauses«, schreibt jene Kollegin Angelas, »wie die Tische und Sitzgelegenheiten sind mit kostbaren Teppichen und seltenen Decken belegt. Man kann sich nichts Reicheres als meine Bettdecke vorstellen. Und der Papst selber hat sicher keine schönere.« Einen Großteil ihres Einkommens aber steckt jede *cortigiana oneste* in ihre Berufskleidung, denn bei öffentlichen Auftritten muss sofort klar sein, dass sie nichts gemein hat mit den üblichen Dirnen. Besonders beim *corso delle cortigiane,* der alljährlichen Gondelfahrt des Berufs, einer Art Betriebsausflug auf dem *Rio della Sensa,* wo sich ganz Venedig auf den Brücken drängt, zeigt jede, welche Ansprüche sie stellt, und kundige Zuschauer können an der Ausstattung erkennen, welche der Damen einen oder zwei Gulden kostet und welche dreißig. »Meine Gewänder«, eröffnet die schon zitierte Kollegin der Zaffetta zufrieden, »sind von Samt und Seide, mit Gold, Perlen und edlen Steinen besetzt. Ich habe mehr als hundert seidene mit Gold durchwirkte Hemden, Schuhe, Halbschuhe, Pantoffeln im Überfluss. Am Hals trage ich ein Kollier, das mindestens 200 Golddukaten wert ist. Ich besitze Linnen, das blanker als der Schnee ist, und in solcher Menge, dass erstaunt, wer es sieht.«

Kein Wunder, dass in der Kirche keiner mehr einen Blick übrig hat für die Zeremonien am Altar, wenn die *cortigiane* der Luxusklasse ihre Plätze einnehmen. Doch so weit hat es Angela Zaffetta, als sie von Lorenzo Veniero zu diesem Ausflug eingeladen wird, noch bei weitem nicht geschafft. Sie hat erst angefangen, sich den lukrativen Abonnentenstamm aufzubauen, der die Grundlage für die Spitzeneinkommen bildet: Eine Luxuskurtisane hat sechs bis sieben vermögende, meistens adlige Kunden – je nachdem, ob die Dame eine Nacht Ruhepause braucht oder nicht –, die bei ihr einen Dauerplatz gemietet haben, der eine in der Nacht zum Montag, der nächste in der zum Dienstag. Gegen Zusatzverdienste tagsüber haben die Stammgäste kein Einspruchsrecht, wohl aber, wenn ihre *cortigiana* eine abonnierte Nacht einem anderen Interessenten zur Verfügung stellen will. Ein faires Geschäft, an dessen Regeln sich die Beteiligten zu halten haben.

Irgendwann hofft die Zaffetta es auch einmal so weit zu bringen, derzeit wird sie in den Listen noch als drittklassig geführt. Doch das Geschäft lässt sich zunehmend besser an. Einer von Angelas ersten Abonnenten ist eben jener Lorenzo Veniero oder Venier, dessen Attraktivität allerdings

*Die Lagune von Venedig ist Italiens größtes Feuchtbiotop, aber leider auch eine riesenhafte Kläranlage, denn die Serenissima verzichtet weiterhin auf jede ordentliche Kanalisation. Jene Inseln der Lagune, auf denen Venedigs Geschichte begann, sind heute weitgehend unbewohnt, denn je mehr das Leben auf den Rialto-Inseln erstarkte, desto mehr Jäger und Fischer zog es dorthin.*

vor allem in seiner Zahlungskraft besteht. Durchaus verständlich also, dass Angela ihn vor kurzem einmal kurz entschlossen ausgesperrt hat, als er wie gewohnt anrückte, denn das Bett war bereits belegt. Auch eine professionelle Frau muss sich ab und zu bei einem erfreulichen Liebhaber erholen. Und es sah danach aus, als sei das Ganze glatt gegangen, als habe Lorenzo das entweder nicht mitbekommen oder ihr nicht verübelt. Denn kurz darauf verfiel er auf die Idee, Angela einen Kurzurlaub zu finanzieren. Zuerst ließ er sie nach *Malamocco* hinausrudern, eine kleine Insel in der Lagune, und verwöhnte sie mit einem prächtigen Mittagessen. Angela ist jung und kann beachtliche Mengen vertilgen: Ein ganzes gebratenes Rebhuhn hat sie dort verdrückt; wie viele Gläser vom Malvasier, dem beliebten, aber schweren Zypernwein, ihr Lorenzo dazu eingeschenkt hat, wüsste sie nicht zu sagen. Nüchtern war sie jedenfalls nicht mehr, als sie sich dann von ihrem Liebhaber überreden ließ, noch weiter bis Chioggia zu fahren. Dass sich dort, kaum waren sie im Bett, Lorenzo seine Belohnung abholte, war noch in Ordnung. Dann aber öffnete ein Freund von ihm die Tür und verkündete, es finde nun ein *trentuno reale* statt. Während bei einem normalen *trentuno*, wie der Name sagt, einunddreißig Männer nacheinander eine Frau vergewaltigen, sind es bei der Version *reale* neunundsiebzig.

Es gibt wenige, die das überleben. La Zaffetta gehört dazu. Sie ist ein Wrack, als sie allein nach Venedig zurückkommt und empfangen wird von den Parolen auf den Mauern. Fast jeder hier, sicher auch Lorenzo Venier, geht davon aus, dass sie jetzt in der Gosse landen wird, um dort bald zu verenden wie ein Ungeziefer, das man beinahe zu Tode getreten hat. Die Konkurrenz ist groß – schon vor dreißig Jahren waren auf die 120 000 Einwohner Venedigs 11 654 Dirnen gekommen. Und jetzt mischen auch noch Mädchen von auswärts mit, die in Venedig das große Geschäft wittern. Eine, die im Dreck liegt, erholt sich da nicht mehr, davon sind alle überzeugt.

Doch sie haben sich in Angela getäuscht. Die Erniedrigung hat ihren Entschluss gestärkt, aufzusteigen nach ganz oben.

Für eine Karriere braucht es Geld, Ehrgeiz, eine geschickte Hand, Strategie, einen oder mehrere Förderer und einschlägiges Wissen. Angela kennt die Rezepte, um sich die üblichen, oft hochgefährlichen Schönheitsmittel herzustellen, sie weiß, in welchen Apotheken sie Bleiweiß, Sublimat, Alraun, Borax, destillierten Essig und Tragant kaufen kann. Sie hat gelernt, dass ein verwöhnter Freier von seiner bezahlten Geliebten mehr erwartet als von seiner reichen adligen Ehefrau, dass jeder Quadratzentimeter ihrer Haut seidenglatt und wohlduftend sein muss. Und sie hat einen Freund, der zwar über keine offizielle politische Machtposition verfügt, aber die Macht des Wortes politisch nutzt. Kein anderer vor ihm hat es bisher geschafft, allein durch das, was er schreibt oder auch nur schreiben könnte, Adel und Klerus in Angst und Schrecken zu versetzen. Ariost nennt ihn »die Geißel der Fürsten«, aber zugleich »göttlich« – *il flagello de' principe, il divino Pietro Aretino*. Schriftsteller, Komödien-

dichter und Journalist, eleganter Denunziant und indiskreter Satiriker, wird er wegen seiner Boshaftigkeit und seiner gnadenlosen Enthüllungen vom Volk geliebt, von denen da oben aber gefürchtet. Denn seine Zunge ist scharf wie ein frisch geschliffener Dolch und kann ebenso vernichtend sein. Es hat niemanden erstaunt, dass der Papst sich weigerte, einen bezahlten und überführten Mörder zu bestrafen, der in Rom versucht hatte, Aretino umzubringen.

In Venedig, der traditionell papstfeindlichen Stadt der Buchdrucker und Verlage, ist er als *poligrafo*, als Vielschreiber, am richtigen Platz. Die Venezianer haben Aretino nicht nur bereitwillig Asyl gewährt, er hat dort auch in seinem *Palazzo Bollani Erizzo* am *Canal Grande* schnell einen Salon aufgebaut, in dem internationale Prominenz verkehrt: Selbstbewusst nennt sich Aretino *secretario del mondo*, Sekretär der Welt. Er ist über zwanzig Jahre älter als Angela, wurde 1492 in Arezzo geboren, wie der Name Aretino verrät, und hegt für die junge Venezianerin beinahe väterliche Gefühle – neben anderen, selbstverständlich. Ausgerechnet er, berüchtigt als Frauenheld und Schandmaul, preist die Zaffetta in den höchsten Tönen. Obwohl er weiß, dass sich nichts besser verkauft als wortreiche Beleidigungen und haltlose Verunglimpfungen – wenn es sein muss, ordentlich in Verse gesetzt, je feierlicher, desto infamer. Besonders beliebt sind solche Pamphlete, wenn sie dem Gewerbe der käuflichen Liebe gelten und die geschmähten Damen beim Namen genannt werden. Doch Aretino versteht nicht nur viel vom Leben der Kurtisanen, was er bereits in Rom mit seiner Komödie *La cortigiana* bewiesen hat, er bewundert und unterstützt einige von ihnen. Auch wenn es um Angela geht, fällt alle Häme ab von dem hauptberuflichen Lästerer. Und Aretino bezieht sie ein in seinen engsten Freundeskreis, zu dem Jacopo Sansovino gehört, der Architekt und Bildhauer, der in Venedig immerhin die *Biblioteca Marciana* am Markusplatz gebaut hat, die *Loggetta* am *Campanile* und Eigenheime wie den *Palazzo Corner*. Zum intimen Zirkel des Aretino gehört außerdem der Kunsthistoriker Ludovico Dolce, der ihm Argumente dafür liefert, als Künstler Kurtisanen wie die Zaffetta zu feiern: Schließlich hat Praxiteles, legendärer Bildhauer der Antike, seine Aphrodite von Knidos nach dem Vorbild der Phryne gefertigt, dem begehrtesten Freudenmädchen seiner Zeit, und Apelles, sein prominentester Kollege in der Malerei, hat sie ebenfalls verewigt.

Vor allem aber kann Aretino sich damit brüsten, den großen Tiziano Vecellio, besser bekannt als Tizian, zum Busenfreund zu haben, und erklärt, der sei für ihn »mehr als ein Bruder«. Wenn es darum geht, Tizian in seinen *Palazzo Bollani Erizzo* zu holen, weiß Aretino genau, was diesen alten reichen Geizhals, diesen eigenbrötlerischen Schöngeist anzieht; er habe, lockt er, »zwei Fasane und Signora Angela Zaffetta« zu bieten. Denn die Deckengemälde von Tintoretto, die Fresken an den Wänden von Giulio Romano, Sebastiano del Piombo, Giorgio Vasari und Tizian selber, die Skulpturen von Freund Sansovino, die reich intarsierten Truhen und Möbel, das übergroße Bett aus Walnussholz beeindrucken den Maler kaum, doch Angela fasziniert ihn umso

**LINKE SEITE** | *Nicht nur Fische und Meeresfrüchte, auch die Zugvögel, die in der Lagune zwischenlanden, verlocken die Menschen dort, sich hemmungslos bei der Natur zu bedienen. Jagdgesellschaften wie die, mit denen einst Hemingway hier herumzog, schießen zum privaten Genuss, die meisten aber, um ihre Beute bis Mailand und Turin zu verkaufen.*

mehr. Und sie beweist, dass sie von Aretino äußerst rasch lernt, der die Geschenke der Mächtigen gnädig annimmt, wie einen Tribut, der ihm zusteht. Sie begreift, dass es auch in ihrem Beruf die Preise nach oben treibt, wenn man in einer teuren Gegend wohnt, nicht in den einschlägig bekannten Revieren. Eine, die wie Angela Karriere machen will, möchte nichts mehr zu tun haben mit Vermietern wie den Rampani. Patriziern, die auf vornehm machen, aber ihr Geld damit verdienen, dass sie ihre verwahrlosten Häuser bei *San Cassiano* im *Sestiere San Polo*, die überall nur *Ca' Rampane* heißen, zu Wucherpreisen an Damen aus dem horizontalen Gewerbe vermieten.

Doch zuerst muss Angela an ihrem Image arbeiten, und Aretino hilft dabei. 1532, eineinhalb Jahre, nachdem sie im *trentuno* so grässlich erniedrigt worden ist, feiert sie ihren ersten Triumph: Der florentinische Fürst Ippolito de' Medici kommt als Gast des spanischen Gesandten nach Venedig. Er ist ein langjähriger Freund und Auftraggeber Tizians. Und als er den fragt, wer die beste Frau für die Nächte sei, fällt Tizian sofort seine Tischdame aus dem *Palazzo Erizzo* ein – er empfiehlt La Zaffetta.

In Venedig, wo der Klatsch leiser, aber intensiver gepflegt wird als in allen anderen Städten Italiens, macht die Nachricht von Angelas Triumph wohl schon in der ersten Nacht die Runde und erreicht zuverlässig Lorenzo Veniero, der wahrscheinlich allein in seinem Bett liegt. Und Rache schwört.

Ihm fehlt zwar die Sprachgewalt und der Witz seines Vorbilds Pietro Aretino, doch er gleicht das mit geifernder Haltlosigkeit aus. Sein Gedicht mit dem Titel *Il Trentuno della Zaffetta* ist ordentlich gedruckt worden, obwohl es natürlich auf dem Index steht, und verbreitet ungehindert die Geschichte von Angelas Vergewaltigung. Vor Strafe fürchtet sich Lorenzo zu Recht nicht. Doch sein Rachedurst ist noch immer nicht gestillt.

Ihm fehlen zwar Kontakte wie die, über welche Aretino verfügt. Doch auch das vermag er zu kompensieren durch gekonntes Intrigenspiel. Als 1535 ein neues Verzeichnis der Kurtisanentarife in Venedig erscheint, diesmal literarisch gestaltet als Dialog zwischen einem Fremden und einem einheimischen Edelmann, ist Lorenzo zwar nicht der Verfasser, doch dass viele Venezianer das vermuten, lässt Schlüsse zu. Sicher aber hat er die Anregung zu jenem Abschnitt gegeben, in dem es um sie geht, die Zaffetta: »Da sie Angela heißt, fordert sie einmal zwanzig, das andere Mal dreißig, wenn man sie will. Und doch beherbergt sie das Franzosenübel und ist die Anmutlosigkeit in Person, abgesehen davon, dass man ihr in Chioggia die einunddreißig gab. Doch von ihr schreibt und spricht in seiner geweihten Geschichte, die seinen Namen durch die ganze Welt trägt, mein Veniero. Deshalb will ich nicht von ihrer königlichen Seele sprechen und nur sagen, dass, wenn sie morgens aufsteht, sie nicht aus Stolz in den Topf pisst, sondern mitten in der Küche die Beine ausbreitet und einen Lärm macht, als ergössen sich Katarakte des Himmels von oben; ich will nur sagen, dass ein Mann, der sich ihrer einmal erfreute, hinterdrein spie und dass keine Artischocke seinen Schweif bestimmte, in jene höllischen Tiefen zurückzukehren; ich will nur sagen, dass ihr Hintern schweißt und stets Winde zu lassen scheint und dass ihre stets feuchte Feige schlechter als Rülpsen, Achselhöhlen und Urin riecht.« Nur matt widerspricht der Fremde, also Uneingeweihte diesem Unflat, der Angela in jeder Hinsicht zu erledigen versucht – selbst bewährte Potenzmittel wie Artischocken helfen nicht, so der anonyme Schmähredner, einen Mann auf die Zaffetta scharf zu machen. Verständlich, dass Aretino über Lorenzo Veniero sagt, der sei ihm, was die nackte Bosheit angehe, »vier Tage voraus«.

Doch Angela hat das, was andere umbringt, stark gemacht. Von Aretino kann sie lernen, wie man Angriffe der übelsten Sorte übersteht – diesen Mann bringt nichts aus dem Gleichgewicht. Angela auch nicht. Ungebrochen arbeitet sie weiter an ihrer Karriere und bemüht sich um den *Palazzo Loredan*, einen gotischen Palast am *Canal Grande*, den die Besitzer etagenweise vermieten und wahrscheinlich nur zu diesem Zweck gebaut haben. Das wäre der richtige Rahmen für sie, für ihre reich geschnitzten Sessel und ihre Spiegel mit blattvergoldeten Rahmen, für ihre Gobelins, Seidenkissen, Gemälde und Majoliken, ihre Vasen, Statuen und teuren Pflanzen. Denn die Zaffetta hat es geschafft. Die Öffentlichkeitsarbeit des Pietro Aretino hat ihre Wirkung gezeitigt. Und seine Dithyramben zu ihrem Ruhm haben die Schmähreden des Lorenzo Venier übertönt. Sie, rühmt Aretino, habe die Siegespalme unter den Kurtisanen verdient, weil sie es besser als jede andere verstehe, »das Gesicht der Lüsternheit unter der Maske der Schicklichkeit zu verbergen«. Und »durch Klugheit und Takt« habe sie »Lob errungen und Reichtümer erworben« und sei »begehrt und bewundert von adligen Herren und Künstlern«.

Wahrscheinlich hat Venier seinen Einfluss als Patrizier geltend gemacht, um zu verhindern, dass die Familie Loredan das Wunschobjekt an die Zaffetta vergibt. Mit dem *Palazzo Loredan* klappt es jedenfalls nicht. Mit Angelas weiterer Karriere aber durchaus. Der Sprachgelehrte Enrico Bentivoglio widmet ihr sein Kapitel über die toskanische Sprache. Und wünscht sich ausdrücklich, von ihr den süßen und feinen venezianischen Dialekt zu lernen, dieses zärtliche Nuscheln.

Angela besitzt Renommee, Stil und Haltung. 1548 bekundet Aretino, die Zaffetta sei ein Phänomen: über dreißig, aber immer noch sehr schön. Und damit der Nachwelt dafür ein Beweis überliefert wird, bekommt Tizians Schüler Paris Bordone den Auftrag, Angela zu porträtieren.

Zu sehen ist auf dem Bildnis eine Frau mit dunklen Augen, blasser Haut, nackten, mädchenhaft kleinen Brüsten, kräftigen Armen und starken Händen.

Die Zaffetta ist eine Frau, die gelernt hat zuzupacken.

Ob sie dabei war, als sich Aretino, wie es die Legende behauptet, inmitten eines Gelages mit Freunden und Kurtisanen totlachte über die Nachricht, seine Schwester sei auch ins Gewerbe der käuflichen Liebe eingestiegen? Ob sie zusah, wie der schwere Mann in seinem fürstlichen Ornat dort, in der *Ca' Dandalo*, wo er seit 1551 wohnte, mitten im Leben gefällt wurde?

RECHTS | *Stilles Detail an einer einst lauten, von Kurtisanen bevölkerten Ecke: ein Löwenkopf am Rio terra Rampani. (»Rio terra« heißt eine Straße, an deren Stelle früher ein Kanal verlief, der dann zugeschüttet wurde.)*

FOLGENDE DOPPELSEITE | *Im Sestiere San Polo strichen zu Angela Zaffettas Zeiten gewitzte Hausbesitzer satte Gewinne ein, indem sie ihre oft verwahrlosten Häuser an Damen aus dem horizontalen Gewerbe vermieteten. Eine wie Angela wusste jedoch, dass nur eine gute Adresse auch gute Kunden garantierte.*

Als gesichert darf nur noch gelten, dass sie mit der befreundeten Kollegin Flaminia nach Rom umzog, vielleicht um ein für allemal jene Stadt aus ihrem Gedächtnis zu löschen, die sie als vielfach Geschändete an den Pranger gestellt hatte, und dass sie dort unter ihrem eigentlichen Familiennamen einen raschen und steilen Aufstieg schaffte. Der anonyme Verfasser eines langen Gedichts über den *Trionfo della lussuria,* den »Triumph des Luxus«, schwärmt jedenfalls hymnisch von der »grazilen Angela del Moro und Flaminia, die zwei Sterne sind«.

Ob Angela wie so viele aus ihrem Gewerbe kläglich verendet ist in einem der schäbigen Hospitäler für Unheilbare, oft Syphiliskranke, oder ob sie genügend angespart hat, um würdig zu sterben, wissen wir nicht. Überlebt hat sie jedenfalls durch ihren Freund Aretino, dem sie mit Fachkenntnissen dienen konnte für sein berühmtestes Werk, das zum Klassiker der erotischen Weltliteratur aufstieg: *I Ragionamenti* – »Die Kurtisanengespräche«. Und darin unterhalten sich Frauen, die der Zaffetta sehr ähnlich sind: abgebrüht und herzlich, frech und deutlich. Und ausgesprochen stark.

# Caterina Cornaro

## Das Erpressungsopfer im Fondaco dei Turchi*

Undankbare »Tochter der Republik«:
Die zwangsverheiratete Königin von Zypern erweist sich als unerwarte
eigensinnig gegenüber ihrer Adoptivmutter.

**LINKE SEITE** | *Geld regierte in Venedig, auch in privaten Angelegenheiten wie der Eheschließung. Seiner Macht und Herrlichkeit setzten die reichen Kaufleute eindrucksvolle architektonische Denkmäler, wie hier im Fondaco dei Turchi, der türkischen Handelsniederlassung.*

**VORHERIGE DOPPELSEITE** | *Die Venezianische Stadtverwaltung wirbt offensiv um Romantiker, die sich in Venedig trauen lassen wollen, und schwärmt Heiratswilligen vor vom betörenden Ambiente des Palazzo Cavalli, dem Standesamt direkt am Canal Grande. Die Hochzeiten der meisten berühmten Venezianerinnen waren weniger von Romantik umweht.*

Die Maskerade gehört zu Venedig. Und niemand maskiert sich besser als jene, die hier die Macht besitzen. Am 6. Juni 1489 könnte man meinen, der Doge und der Große Rat besäßen menschliche Größe. Es sieht so aus, als umarmten sie eine wiedergefundene Tochter. Mit aller Zeremonienpracht inszenieren sie ein Schauspiel, grandios und herzzerreißend. Jeder soll sehen, wie Venedig eine Venezianerin empfängt, die in der Fremde alles verloren hat. Eine entthronte Königin, die nun Asyl sucht in der Stadt, in der sie im *Palazzo Corner* geboren wurde, im damals reichsten Haus Venedigs.

An jenem 6. Juni kehrt nach siebzehnjährigem Auslandsaufenthalt Caterina Cornaro, die entmachtete Regentin von Zypern, in ihre Heimat zurück. Eine Frau von fünfunddreißig Jahren, die mit ihrem schweren Kinn, dem kurzen dicken Hals und ihrem gedrungenen Körper ohne Taille deutlich älter wirkt. Und wird empfangen, als sei sie ein Staatsgast ersten Ranges. Im *Buccintoro*, dem vergoldeten Prunkschiff, wird sie von den Galeeren abgeholt, die sie bis in die Lagune gebracht haben. Der Doge persönlich begrüßt sie, alle Glocken Venedigs läuten, alle Trompeten Venedigs werden geblasen. Ein Festbankett im *Palazzo Ducale* wartet auf Caterina, und obwohl sie im Haus ihrer Eltern unterkommen könnte, dem *Palazzo Corner*, den sie der königlichen Tochter wegen *della Regina* nennen, ist für sie das konfiszierte Handelshaus der Türken, der *Fondaco dei Turchi*, vorbereitet worden, wo sie in Zukunft ihre Stadtwohnung haben soll – ein Palast von immensen Ausmaßen. Außerdem ist für die heimgekehrte Ex-Königin eine Residenz vorgesehen im nahen Asolo, am Rand der Dolomiten, wo die Natur einem Paradiesgarten gleicht und der Blick weit hinaus geht auf die *terraferma*, bis hinüber zum dunstverklärten Venedig.

Wer nicht Bescheid weiß, ist der Ansicht, Caterina Cornaro müsste sich freuen über diesen Empfang, zumal sie in Zypern, wo sie die letzten Jahre verbrachte, nur um Haaresbreite mehreren Mordanschlägen entgangen ist.

Doch Caterina lächelt nicht. Sie kennt nur allzu gut den Charakter jener Schönheit, die Serenissima genannt wird. Und sie kann nicht vergessen, wie alles begonnen hat vor einundzwanzig Jahren.

Freiwillig wäre sie nie ausgezogen aus ihrem Elternhaus. Der *Palazzo Corner*, oberhalb vom *Rialto* gelegen, ist so ausstaffiert, wie es sich für die Cornaro gehört: Verschwenderisch ist Blattgold verwendet worden, um jeden Rahmen, jedes Möbel in eine Kostbarkeit zu verwandeln, goldgeprägt sind die Tapeten, golddurchwirkt die Stoffe, echt golden ist jedes Salzfass.

Kindesentführung wäre es gewesen, hätten die Machthaber Venedigs ihren Plan damals sofort umgesetzt. Denn Caterina Cornaro war noch keine vierzehn, als sie, ohne dass jemand sie nach ihrem Willen gefragt hätte, zwangsadoptiert wurde und verheiratet an einen ihr wildfremden, mehr als doppelt so alten Mann.

Die Adoptivmutter, die Caterinas Eltern ihre Tochter wegnahm und rechtens zu ihrer eigenen erklärte, war für ihre Grausamkeit, ihren Egoismus und ihre Rücksichtslosig-

*Das Grabmal der Caterina Cornaro, das sich ursprünglich in der Kirche SS. Apostoli befand, wurde später nach San Salvatore verbracht, wo die Gräber der Familie Cornaro die Stirnwände der Querschiffarme beanspruchen. Zu sehen ist auf dem Relief Caterina, die symbolisch für ihr Königreich ein Modell der dortigen Festung dem Dogen überreicht.*

keit bekannt: La Serenissima, die Republik Venedig. Am 31. Juli 1468 hatte man Caterina, ein stämmiges, aschblondes Mädchen mit kräftiger Nase und lebhaften Augen, in einer Gondelprozession zum Dogenpalast geleitet, wo ihr der Doge Cristoforo Moro in Gegenwart der königlichen Gesandten von Zypern den Verlobungsring über den Kinderfinger streifte, sie zur »Tochter der Republik« erklärte und *Caterina Veneta* taufte. Der künftige Ehemann, Jacques II., König von Zypern, dem sie in dieser Ferntrauung rechtsgültig verbunden wurde, fand die Braut erstklassig, ohne sie je gesehen zu haben, denn sie schien ihm die einzige Möglichkeit, seine Zukunft finanziell und machtpolitisch abzusichern.

Zyperns König hatte Probleme. Er wurde nicht zufällig »Jacques, der Bastard« genannt, denn er war das uneheliche Kind von König Jean II. aus dem Haus der Lusignan mit einer seiner Mätressen und hatte den Thron mit Gewalt eingenommen, nicht mit Recht. Um ihn zu verteidigen, hatte er zuerst dankbar die Hilfsdienste muslimischer Truppen des ägyptischen Sultans angenommen – und sie sicherheitshalber hinterdrein abschlachten lassen. Doch auf dem Thron zu sitzen erwies sich als ungemütlich: Viele Interessenten spekulierten auf seine Insel, allen voran seine Halbschwester Carlotta, eigentlich die legitime Regentin. Der Kindshandel mit Venedig jedoch nahm Carlotta alle Chancen: Venedig lieferte Geld und militärische Macht. Jacques' Gegenleistung: Er hatte der Republik schriftlich versichert, dass er

Caterina Zypern schenken werde, sollte er ohne Erben hinscheiden.

Doch dann verlor Jacques rasch das Interesse an der minderjährigen Ehefrau und machte keinerlei Anstalten, sie in Venedig abholen zu lassen. Zum einen hatte er noch keinen Bedarf, die existenzsichernde Ehefrau auch als solche um sich zu haben – mit den anwesenden Konkubinen, die ihn bereits mit insgesamt drei Kindern bedacht hatten, war sexuell mehr anzufangen. Außerdem versuchte eine spanische Kamerilla an seinem Hof ihm einzureden, es sei klüger, die Tochter des aragonesischen Königs Ferrante von Neapel zu heiraten.

Den Venezianern, die davon nichts wussten, erschien sein Schweigen irgendwann verdächtig, und sie wurden energisch: Die neuen Verträge, die sie Jacques vorlegen ließen, nannten sie zwar Freundschaftsverträge, aber es ging darin um nichts anderes, als Venedig das Protektorat über Zypern zu sichern. Da merkte Jacques, dass die venezianischen Freunde keinen Humor kannten. Die Tragödie kam in Gang.

Im September 1472, mit achtzehn Jahren, war Caterina über das Kindesalter hinaus: Ein neuer Doge, Nicolò Tron, fuhr die Braut vier Jahre nach der Ferntrauung auf dem *Buccintoro* zum Lido, wo die zypriotischen Galeeren auf sie warteten.

Was dachte sich Caterina damals, als sie mit Geschmeide behängt, eingesperrt in ein schweres Gewand aus starrem Goldbrokat, wie eine Königin dort hinausgeleitet wurde? War sie froh, wegzukommen von all denen, die sie aus politischem

*Mit jener Farbenpracht und Herrlichkeit, die heute noch die alljährliche* Regata Storica *am ersten Sonntag im September vorführt, wurde die vierzehnjährige Caterina Cornaro zum Aufbruch ins Ungewisse geleitet. Die »Historische Regatta«, hier vom Rialto aus gesehen, ist der Höhepunkt der venezianischen Rudersaison, wobei Rudern damals so wenig wie heute der treffende Ausdruck ist:* vogare *nennt sich diese Art der Fortbewegung auf Gondeln im Wasser, bei der nur ein einziges Ruder verwendet wird. Die ältesten Nachrichten über die erst 1899* storica *genannte* regata *stammen aus dem 13. Jahrhundert.*

und merkantilem Kalkül verkauft hatten wie ein Stück Vieh – nicht zuletzt von ihren Eltern, die, ohne mit der Wimper zu zucken, mitgemacht hatten bei diesem abgekarteten Machtspiel? Schon deshalb, weil Andrea Cornaro, ihr Onkel, der Berater des Königs auf Zypern war und jenen Plan ausgebrütet hatte.

Wie empfand sie es, dass ein adliger Venezianer mitfuhr, der in Zypern bei der wirklichen Trauung ihre aufgezwungene Mutter vertreten sollte, jene herzlose Republik Venedig? War sie erregt von der Aussicht, so jung eine derart wichtige Rolle zu spielen auf einem Stück Land, das alle, die es gesehen hatten, als märchenhaft beschrieben? Hatte sie Angst oder hatte sie Lust, dieses Abenteuer einzugehen? Trieb es die Achtzehnjährige um, als sie einen letzten Blick zurückwarf, ob sie jemals wieder hierher zurückkommen würde? Fühlte sie, deren Familie auf Zypern Macht und Latifundien besaß, sich der neuen Heimat zugehörig, oder fing sie bereits an Bord des *Buccintoro* an, aus Heimweh zu weinen?

Jetzt, wo die fünfunddreißigjährige Caterina mit allem Glanz gefeiert wird, kann sie nicht lächeln. Denn sie kann nicht verdrängen, was hinter ihr liegt.

Noch kein Jahr war sie auf Zypern gewesen, als Jacques von einem Jagdausflug in miserabler Verfassung zurückkehrte. Woran er direkt danach, am 6. Juli 1473 starb, blieb ungeklärt. Angeblich an der Ruhr, doch fast alle Eingeweihten vermuteten etwas Näherliegendes: Giftmord. Es war schließlich bekannt, dass seine Halbschwester Carlotta,

*Ein Zug der nach alten Vorbildern rekonstruierten, reich bemalten und geschnitzten Boote geht dem eigentlichen Wettbewerb der* Regata Storica *voran. Er soll erinnern an jenen, der für Caterina Cornaro 1589 in Szene gesetzt wurde, als sie das Königreich Zypern auftragsgemäß ihrer Heimatrepublik Venedig vermachte.*

mittlerweile Gräfin von Savoyen, ihre Ansprüche nie aufgegeben hatte. Auch für Jakobs Schwiegermutter, die Republik Venedig, war dieser Todesfall ein Glücksfall. Und angeblich hatten an diesem Glück venezianische Hofärzte mitgewirkt. Es hätte nun alles laufen können wie geschmiert, wäre da nicht jenes Adoptivkind der Serenissima, Caterina, geborene Cornaro, adoptierte Veneta. Im September, zwei Monate nach dem Tod von Jacques, sorgte sie zum ersten Mal für Ärger: Sie gebar einen Sohn, Jacques III., und jeder, der sich auskannte, wusste, was die Geburt dieses männlichen Erben zu bedeuten hatte. Doch die venezianischen Hofärzte wussten anscheinend, wofür sie bezahlt wurden: Der Säugling starb zügig.

Und an der Entsorgung von Caterina arbeiteten freundlicherweise Venedigs Feinde. Im November drang die neapolitanische Clique in den Palast ein. »Die Verschwörer«, kommentierte der venezianische Diplomat Giòsafat Barbaro das Geschehen, »betraten den Palast, töteten Andrea Cornaro, den Onkel der Königin, und im Gemach selbst hackten sie vor Caterinas Augen ihren Arzt und einen Diener in Stücke (...) und den Neffen der Königin, stahlen die Schatztruhe, die Juwelen und den Siegelring und zwangen sie, den Kastellanen zu schreiben, sie sollten ihre Festung übergeben.« Warum nur ließen sie Caterina leben?

Der neapolitanische Putschversuch scheiterte selbstverständlich, denn Venedigs Militärs standen vor der Tür. Der Generalkapitän Pietro Mocenigo, dessen Flotte die türkischen Aktivitäten im Mittelmeer zu kontrollieren hatte, bekam den Befehl, auf Zypern für Ordnung zu sorgen. Und Mocenigo arbeitete gründlich: Er brachte die Verschwörer um, auch alle, die im Mindesten weiterer Verschwörungen verdächtig waren, und ließ Caterina rund um die Uhr scharf bewachen.

Da reichte es der blutjungen und offenbar lebenslustigen Witwe; sie hatte ihre Mutter Venedig und deren Bevormundung satt und fand es eine hübsche Idee, sich mit Alfonso von Neapel zu verheiraten, in den sie sich verliebt hatte. Diese Idee sorgte für eine Krisensitzung in Venedig: War Caterina Veneta verrückt oder bösartig? Wie konnte sie das, was Venedig mühsam ergaunert hatte, mutwillig zur Beute der Neapolitaner werden lassen? Man hatte das Mädchen doch nicht dort hingeschickt, um eigene Entscheidungen zu treffen. Einige Jahre wartete man noch ab, ob das gute Kind zur Vernunft käme. Im November 1488 aber trauten sie dem Frieden nicht mehr. Der Mann, den sie mit einer Sonderkommission losschickten, um die Aufmüpfige zur Abdankung zu zwingen, war sorgsam ausgewählt: Giorgio Cornaro, ihr Bruder. Sein Auftrag war eindeutig. Er sollte die Schwester heimbringen, ganz gleich wie, jede Methode war erlaubt. Der Auftrag an Giorgio war mit einer Vollmacht ausgestattet. »Wir ermächtigen Euch ganz und gar, sie nach Eurem Willen zurechtzubiegen, mit oder auch ohne ihre Billigung. Mit klugen, umsichtigen, vorsichtigen und sicheren Mitteln sollt Ihr die Königin an Bord einer Galeere schaffen und zu uns hierher nach Venedig schaffen.«

**LINKE SEITE** | *Der Hochaltar von San Salvatore mit einem späten Meisterwerk von Tizian: Es zeigt den Salvatore, den Erlöser, als himmelstrebende, körperlos leichte Lichtgestalt, die die erdenschweren Apostel hinter sich zurücklässt. 1542, mit vierundsechzig Jahren, porträtierte Tizian die junge Caterina Cornaro aus dem Gedächtnis (siehe S. 106).*

**FOLGENDE DOPPELSEITE** | *Unsterblich schön und unmenschlich zugleich: Caterina Cornaro erlebte die Pracht und Festlichkeit der Serenissima (wie hier bei einer Ruderregatta) ebenso wie ihre Grausamkeit.*

Caterinas Bitte, man solle doch bitte ihren Tod abwarten, überhörte ihr Bruder, wie es die Serenissima befahl.

In der Kathedrale St. Nikolaus in Famagusta, in der sie zum zweiten Mal die Ehefrau des Königs von Zypern geworden war, unterzeichnete sie im Februar 1489 gezwungenermaßen den Verzicht auf den Thron.

Und nun zog sie ein in Venedig. Daran, die Wahrheit auszuplaudern, konnte man sie leicht hindern. Zu reden war Caterina ohnehin ihr Leben lang nicht gewohnt. Wichtig war aber, die Öffentlichkeit glauben zu machen, Caterina kehre aus freien Stücken zurück. Und habe aus tiefer Liebe ihrer Mutter, der Serenissima, ihr Königreich geschenkt.

Wird der Empfang derart prächtig in Szene gesetzt, dass nur eine überwältigende Gabe diese Grandezza erklärt, wird das Volk die Geschichte glauben. Caterina wird mit einem nutzlosen, aber dekorativen Titel und Schweigegeld abgefunden: Sie darf sich weiterhin Königin von Zypern, Jerusalem und Armenien nennen und kassiert ein Jahreseinkommen von 8000 Dukaten.

Dass sie in Asolo einen kulturellen Zirkel aufbaut, zu dem bald die größten Dichter, Philosophen und Musiker ihrer Zeit gehören, einen Kreis, der von Pietro Bembo hymnisch gefeiert wird in den *Asolani*, finden die Herren Venedigs nett. Hauptsache, sie redet nicht über Politik.

1509 muss Caterina auch von dort fliehen, denn Venedig hat sich zu behaupten gegen die Liga von Cambrai, zu der sich das halbe Europa zusammengeschlossen hat, um der immer dreister werdenden Serenissima Einhalt zu gebieten.

Als Caterina am 10. Juli 1510 stirbt, lässt sich das ihre Adoptivmutter trotz Kriegsnot nochmals ordentlich etwas kosten: Mit einem Staatsbegräbnis wird die mundtot gemachte Tochter geehrt und in *San Salvatore* bestattet.

Die Herren haben gute Arbeit geleistet. Keiner der Romanciers, Dramatiker und Maler, der Librettisten und Komponisten, die später das Schicksal der Caterina Cornaro zu ihrem Thema machen, berichtet die Wahrheit, und auch die Historiker erklären, Caterina habe artig und aus freien Stücken das Königreich Zypern gegen den kleinen Witwensitz in Asolo getauscht. Die Geschichte einer beispiellosen Ausbeutung und Erpressung wird begraben unter dem Pomp der Sentimentalität. Und in den Köpfen bleibt jenes Bild stehen, das Paolo Veronese für den Dogenpalast verklärt hat und das der Wiener Salonmaler Hans Makart fast vierhundert Jahre nach der erzwungenen Rückkehr noch einmal heraufbeschwört: Venedig huldigt seiner heimgekehrten Tochter Caterina Cornaro.

* Fondaco (venezianisch Fontego) dei Turchi, die Handelsniederlassung der Türken, ursprünglich ein Palast der Familie Pesaro

# Cassandra Fedele

## Der letzte Auftritt einer Vergessenen im Dogenpalast

Die »Zierde Italiens« und klügste Frau der Renaissance hält eine Rede – zu Ehren von Mona Lisas Tochter.

**LINKS** | *Sir Frederic William Burton: Cassandra Fedele (1869)*

*Die* Sala del Maggior Consiglio, *Tagungssaal des Großen Rates im Dogenpalast und größter historischer Saal der Welt, war ein Schauplatz männlicher Macht. Doch nur die weibliche Intelligenz, Diplomatie und Geschliffenheit der Cassandra Fedele waren schließlich dort einem heiklen Staatsakt gewachsen.*

**VORHERIGE DOPPELSEITE** | *Blick von der Mole über die Piazzetta mit dem Dogenpalast: Ob bronzen, wie auf der Säule, oder steinern, wie an der Fassade des Uhrturms – allgegenwärtig ist der geflügelte Löwe des heiligen Markus, Symbol des Schutzpatrons der Stadt und auch der vergangenen Stärke der Serenissima.*

Der Staatsbesuch ist längst angesagt. Aber der Empfang ist noch keineswegs organisiert. Händeringend wird ein Festredner gesucht. Möglichst einer, der seine Rede auf Latein halten kann, wie sich das bei so feierlichen Anlässen gehört, und der einen Bezug hat zu der Besucherin, der Witwe des polnischen Königs Sigmund und Mutter des jetzt regierenden Sigmund August. Hierzulande ist sie besser bekannt als Bona Sforza. So schlicht dieser Name klingt, so groß ist sein Ruhm in Italien: Bona ist die Tochter des Herzogs Gian Galeazzo II. Sforza und der Isabella von Aragon, die Leonardo da Vinci als *Mona Lisa* Modell gesessen hatte. Von ihr hat Bona das ebenmäßige Gesicht, die mandelförmigen Augen, den vollkommenen Teint geerbt. Mittlerweile ist sie einundsechzig, ihre Schönheit ist verblüht. Aber ihre Bedeutung ist ungemindert.

Es gibt da einen Kandidaten, der alles mitbringt, was vom Redner gewünscht wird: perfekte Lateinkenntnisse, eminente Bildung, eine erlesene Rhetorik und jahrzehntelange Erfahrung mit offiziellen Auftritten dieser Art in den großen Sälen des Dogenpalastes, die einen Anfänger verschrecken können.

Zwei Nachteile hat dieser Kandidat allerdings: erstens das Geschlecht und zweitens die Vergangenheit. Cassandra Fedele heißt die Frau, die eigentlich die Idealbesetzung wäre, aber, das weiß der Doge und das weiß der Senat, sie ist ein Sprengsatz. Mit ihr ist in Venedig übel umgesprungen worden, und es steht zu befürchten, dass sie das nicht ver-

*Die schönen Frauen in Venedig waren zu dekorativen Zwecken immer recht, ob wie hier die Gestalt der Fortuna als oberste Bekrönung der* Dogana del Mar, *der Zollstation aus dem 17. Jahrhundert auf dem Dorsoduro.*

gessen will und kann. Und möglicherweise – das wäre die Katastrophe – den Auftritt nutzt, um auszupacken und die Öffentlichkeit wissen zu lassen, wie die Serenissima ihre Geistesgrößen behandelt. Schließlich ist Bonas Mutter eine leidenschaftliche Verehrerin von Signora Fedele gewesen. Und Cassandra trägt nicht zufällig den Namen der großen Seherin, die in Troja laut und deutlich unliebsame Ereignisse vorhergesagt hat. Leider musste man sie dafür ermorden.

Auch das weiß Cassandra Fedele, denn in der griechischen Mythologie ist sie ebenso zu Hause wie in allen anderen geistigen Disziplinen. Ihr Vater wird sich etwas dabei gedacht haben, als er ihr diesen bedrohlichen Vornamen verpasste. Angelo Fedele, ein prominenter Humanist, hat dafür gesorgt, dass Cassandra für manche Männer bedrohlich wurde; er ließ sie schon als Kind von dem Servitentheologen Casparino Borro in Latein und Griechisch unterrichten – mit elf war Cassandra in beiden Sprachen absolut sicher – und stellte einen Hauslehrer an, um sie in die Dialektik und Philosophie einzuweisen. Es klingt sensationell, was Fedele für seine Tochter getan hat. Doch er tat es keineswegs aus Altruismus: Es war Ende des 15. Jahrhunderts in Humanistenkreisen angesagt, mit einer hochbegabten Tochter zu glänzen, um so die eigene Fortschrittlichkeit vorzuführen. Auch die Stadt Venedig fand es attraktiv, sich zu brüsten mit der scharfsinnigen jungen Frau, die mit den Geistesgrößen einen regen Briefwechsel pflegte, auch mit deutschen, und von ihnen gefeiert wurde. Der florentinische Dichter Angelo Poliziano, einer der Größten in der Literaturszene, hatte in seiner Lobeshymne auf Cassandra geschrieben: In einer Zeit, da »auch von den Männern nur wenige in der Literatur hervorragen, bist du dennoch einzig als Mädchen, die du statt Wolle ein Buch, statt der Schminke die Schreibfeder, statt der Nadel den Griffel zur Hand nimmst und nicht das Gesicht mit Puder, sondern das Papier mit Tinte bedeckst«. Überschwänglich hatte er sie als »Zierde Italiens« gepriesen. Dem Dogen Agostino Barbarigo, seit 1486 im Amt, gefiel es, die schlaue junge Frau zu Banketten im Dogenpalast einzuladen, damit sie eingebildete Gelehrte verblüffte. Er lud sie ein – oder sollte man sagen: vor? –, um bei öffentlichen Feierlichkeiten eigene Gedichte zu rezitieren, eigene Kompositionen zu singen oder spitzfindige Reden zu halten. Er führte sie vor wie ein Zirkuspferd, ein Wunder der Dressur. Und was Cassandra alles konnte, hatte sich herumgesprochen: Sie war sechsundzwanzig, als Isabella von Aragon, Tochter des Königs von Neapel und Ehefrau des Herzogs von Mailand, sie umwarb und einlud, an ihrem Hof zu glänzen.

Da wurde der Doge samt Senat nervös: In einem scharf formulierten Dekret wurde Cassandra verboten, dieses Angebot oder irgendein ähnliches anzunehmen. Eifersüchtig wachte die Obrigkeit über Cassandra wie über einen kostbaren Besitz, der niemand anderem gegönnt werden sollte. Man ließ sie Reden halten, aber nicht studieren. Man ließ sie an der Universität von Padua bei einer Promotionsfeier eine Ansprache über das beglückende Erlebnis wissenschaftlicher

*Oder als Begleiterinnen, die Blicke auf sich zogen, wie bei dieser Regatta vor dem Dogenpalast. Wenn die* belle donne *aber ihre Rechte einforderten, zeigten die Herren der Serenissima ihr wahres Gesicht.*

Betätigung halten, verhinderte aber, dass sie selbst jemals promoviert werden konnte. Cassandra aber verweigerte es, Hausfrau und Mutter zu werden; sie heiratete spät, erst Mitte dreißig, Gian Maria Mappelli, einen Arzt aus Vicenza, und wanderte mit ihm nach Kreta aus. Auf der Rückreise nach Venedig fünf Jahre später verloren sie durch einen Schiffbruch auf hoher See alles, was sie besaßen. Zurück in der Heimat, war vom Interesse an Cassandra nichts mehr zu spüren. Und als dann kurz darauf Cassandras Mann starb und sie in ärmlichsten Verhältnissen zurückließ, sah die Serenissima keinen Anlass, auch nur einen Finger für die »Zierde Italiens« zu rühren.

Papst Leo X. pflegte denselben Stil: Einen Bittbrief der Witwe würdigte er keiner Antwort. Doch Cassandra gab nicht auf, schrieb in aller Ruhe weiter an ihrem Werk *De scientarum ordine*, »Über die Ordnung der Wissenschaften«, und wagte, es zum Druck vorzubereiten. War es Zufall, dass der Verleger das Original verlor? Oder hatte man ihm dafür eine sehr viel höhere Summe bezahlt, als Cassandras Buch sie ihm je hätte einbringen können?

Cassandra vegetierte dahin und musste in Ermangelung von gutem Essen mit erstklassiger geistiger Nahrung zufrieden sein. Aus ihrem Briefwechsel mit der humanistischen Prominenz bezog sie die Anerkennung, die ihre Heimatstadt ihr verweigerte.

Und ausgerechnet diese Frau wird jetzt gebraucht, um die Tochter ihrer von der Serenissima abgeschmetterten Mäzenin zu feiern.

Gott sei Dank hat der Senat ihr vor neun Jahren einen Posten zugeschoben, der wenigstens das Überleben der »Zierde Italiens« sichert; einen Posten, der allerdings klar macht, dass eine Frau zum Hüten, Betreuen, Bewahren gedacht ist, auch wenn sie wie Cassandra an Stelle von Kindern gelehrte Texte produziert: Sie darf seither Priorin eines Waisenhauses spielen, das an das Kloster *San Domenico di Castello* angeschlossen ist.

Cassandra Fedele sagt zu. Weil sie das magere Honorar braucht? Oder weil sie Bona Sforza aus persönlichen Gründen die Ehre erweisen will?

Der Doge Agostino Barbarigo, ihr steinreicher Ausbeuter, ist längst tot. Es regiert Francesco Venier, der fünfzehnte Doge, den Cassandra Fedele erlebt, und der vorletzte, den sie erleben soll: Sie ist bei diesem letzten Auftritt im Jahr 1556 einundneunzig Jahre alt und wird erst zwei Jahre später sterben.

Kaum ist sie tot, wird sie gewürdigt, wie es einem großen Gelehrten gebührt: mit einem aufwendigen Grabmal in *San Domenico*. War es der posthume Dank für ihren diskreten und formvollendeten Auftritt? Und dafür, dass sie nicht herausgeschrien hatte, wie erbärmlich es ihr erging, sondern in fein gedrechselten Sätzen Bona Sforza pries und sich selbst klein machte?

Es ist kein Zufall, dass von Cassandras Werken nichts erhalten ist, nur ihre Briefe und Reden. Und dass auch von der Kirche *San Domenico*, von dem Waisenhaus und auch von Cassandras Grabmonument nichts mehr übrig ist als der

*Friedlich vereint und gleichberechtigt stehen männliche und weibliche Gestalten hier neben- einander. In der venezianischen Wirklichkeit jedoch war es für brillante Frauen kaum möglich, von männlichen Kollegen als gleichwertig anerkannt zu werden.*

Name einer Gasse in Castello, *Calle di San Domenico*. Das Grabmal des Dogen Agostino Barbarigo hingegen wurde gerettet und kann noch immer in der *Galleria dell' Accademia* besichtigt werden.

# Veronica Franco

## Kriminelles Personal am Campo San Giovanni Nuovo

Die Scheu vor dem »ganzen Geschäft«:
Weil der französische Philosoph Michel de Montaigne Schwierigkeiten mit dem Wasserlassen hat, darf die hochgebildete Kurtisane nicht beweisen, dass sie ihm das Wasser reichen kann.

LINKS | *Tintoretto: Bildnis einer Frau mit entblößter Brust (vermutlich ein Porträt der Kurtisane Veronica Franco; 1570)*

**LINKE SEITE** | *1575, ein Jahr nach Heinrichs Besuch, brach in der Serenissima die Pest aus. Erst das Gelübde des Dogen, dem Erlöser (redentore) eine Kirche zu bauen, soll ihr ein Ende bereitet haben. Seitdem findet jedes Jahr im Juli das Redentore-Fest statt. Tänzer, Sänger und Feuerspucker (links) vertreiben den Venezianern die Zeit bis zum nächtlichen Riesenfeuerwerk (siehe S. 132/133).*

**VORHERIGE DOPPELSEITE** | *Im Palazzo Ducale, dem Dogenpalast, fand zu Ehren des blutjungen Henri de Valois ein Bankett für dreitausend Gäste statt. Drei Monate lang hatte der erst Zweiundzwanzigjährige Polen als König regiert, ehe er nach dem plötzlichen Tod seines Bruders Karl IX. heimreisen musste, um sich in Frankreich zum König krönen zu lassen.*

Reisende lieben den Herbst in Venedig. Doch für die begehrteste Frau in der Stadt sieht er düster aus in diesem Jahr.

Das Schlimmste für eine, die wie sie ihr Geld mit der Schönheit verdient, ist, wenn das Alter sich auf einmal abzeichnet in den Konturen des Gesichts, in den Linien um Mund und Augen, wenn die Festigkeit des Fleisches nachlässt und die Spannkraft der Bewegungen. Und es scheint so, als habe sich Veronica Franco jetzt damit herumzuschlagen. Bisher hat kaum ein prominenter Venedigbesucher männlichen Geschlechts, der über Stil und das nötige Kleingeld verfügt, versäumt, Veronica zu besuchen. Doch im Herbst 1580 ist es aktenkundig, dass einer, der als Kenner und Liebhaber weiblicher Reize gilt, kein Interesse hat an dieser Frau. Einer Frau, die als Symbolgestalt der Serenissima erscheint auf dem Altarblatt von Tintoretto in *San Francesco della Vigna*. Und Tintoretto hat sie auch persönlich porträtiert: Ihr Gesicht ist herzförmig, der Mund kirschrot, ihre Stirn breit und klar, die Haut wie Elfenbein; prall liegen die Brüste im Ausschnitt, die Augen leuchten blau unter schön geschwungenen Brauen, die Wangen sind pfirsichfarben und die Haare blond. Und bis auf die Haarfarbe ist alles Natur.

Veronica Franco kann das Desinteresse des Besuchers nicht entgehen, denn sie weiß, dass Michel de Montaigne auf seiner Bäderreise hier Station macht. Als ein weitgehend vorurteilsfreier und wissbegieriger Mann wäre der Philosoph und Schriftsteller bei Veronica durchaus an der richtigen Adresse, denn sie ist belesen, schlagfertig, bewandert in Philosophie und begierig, neue Gedanken und Theorien kennen zu lernen. Domenico Venier, einer der gebildetsten Männer in Venedig, hat nicht zufällig die fast dreißig Jahre jüngere Veronica in seinen ausgesuchten Kreis von Literaten und Gelehrten vorgelassen; er weiß, dass sie jeder Diskussion standhält. Dass der berühmte Franzose gar nicht den Versuch macht, bei ihr in dem prächtig ausgestatteten Haus am *Campo San Giovanni Nuovo* einen Termin zu bekommen, muss Veronica kränken. Denn er hat mit Sicherheit aus bester Quelle erfahren, was sie zu bieten hat.

Es ist nun schon sechs Jahre her, dass Heinrich III., frisch designierter französischer König, auf dem Weg von Krakau, wo er bisher regiert hat, zurück in die Heimat, bei seinem Venedigbesuch Veronica Franco mit einem Schlag beneidet und berühmt machte. Kaum einer hat es vergessen, dass Heinrich damals keinesfalls auf einen diskret zu behandelnden Besuch bei Veronica verzichten wollte. Mühsam musste der unvorhergesehene Termin in das dicht gedrängte Programm hineingequetscht werden.

Die Venezianer hatten in jenem Juli aufgefahren, was sie bieten konnten: Galaempfang, Regatta, Prunkmahl mit 3000 Gästen, Theater, Feuerwerk, Te Deum in *San Marco*, ein Ball mit den zweihundert schönsten jungen Damen von Venedig, alle ganz in Weiß gekleidet, und ein süßes Festessen, bei dem sogar die Teller und das Besteck aus Zucker bestanden. Heinrich aber gelüstete es nach jenen süßen Wonnen, die nicht auf Tellern serviert werden können.

**VORHERIGE SEITEN** | *Wie jeder Staatsgast wurde auch Heinrich III. mit allem Pomp vom Dogen und seinem Hofstaat empfangen. So dokumentiert es Andrea Michielis Gemälde in der Sala delle Quattro Porte im Palazzo Ducale.*

**UNTEN** | *Die Festivitäten für den durchreisenden Henri de Valois sollen noch aufwändiger gewesen sein als diejenigen für die heimgekehrte Caterina Cornaro, der die Serenissima mehr zu verdanken hatte. Selbstverständlich wurde für ihn ein Feuerwerk in den Nachthimmel gezaubert, wie es die Venezianer heute noch meisterlich beherrschen.*

Damals war er zweiundzwanzig, ein gut aussehender Mann mit markantem Gesicht und virilem Körperbau, Veronica immerhin sechs Jahre älter. Doch es gelang ihr, den verwöhnten jungen Mann in jeder Hinsicht zu befriedigen, geistig wie körperlich. Obwohl er in einem der aufwendigsten Paläste, dem *Palazzo Foscari*, einquartiert worden war, hatte ihm die Nacht bei Veronica in einem vergleichsweise schlichten Haus bei *San Giovanni Crisostomo*, in dem sie damals noch wohnte, offenbar den Höhepunkt seines Gastspiels beschert.

Und jetzt, in diesem Herbst 1580, wagt es ein unansehnlicher Philosoph von siebenundvierzig, sie, die gerade erst vierunddreißig ist, links liegen zu lassen. Obwohl ihm bestimmt die Begeisterung des Königs zu Ohren gekommen ist. Es muss für Veronica sein, als werde sie damit abgestempelt als berufsunfähig wegen zu hohen Alters. Mit vierunddreißig.

Die Öffentlichkeit bekommt das natürlich mit. Und einige Venezianer wird es mit Schadenfreude erfüllen.

Dass Montaigne ihr die kalte Schulter zeigt, kann Veronica Franco nicht gleichgültig lassen. Und es ist anzunehmen, dass sie ihre Mutmaßungen anstellt, was seine Gründe sind, sich ihr zu entziehen. Ist es dem berühmten Gast zugetragen worden, was sie soeben hinter sich gebracht hat? Dass sie vor dem Inquisitionsgericht gestanden hat, angeklagt der Hexerei? Es wäre verständlich, dass ein Geist wie Montaigne sich nicht verunreinigen will mit abergläubischem Zauber, dass er nichts, absolut gar nichts zu tun haben möchte mit einer Frau, die sich finsterer mittelalterlicher Methoden bedient, weil es ihr an neuzeitlichem Wissen fehlt.

Losgetreten hatte diese skandalöse Angelegenheit Veronica selbst. Sie erstattete am 23. Mai 1580 bei den *Signori di Notte* Anzeige gegen unbekannt, weil sie festgestellt hatte, dass ihr gut bestückter Haushalt systematisch ausgeplündert worden war. Silberne Kerzenleuchter und große Kandelaber, silberne Löffel und Gabeln, Salzstreuer und Schalen, außerdem Goldschmuck und Bargeld, das sie wie die meisten venezianischen Frauen unter der Matratze versteckt hatte.

Und Veronica hatte kein Geheimnis daraus gemacht, wen sie verdächtigte: Redolfo Vannitelli, den Erzieher ihres Sohns Achiletto, der mit anderen Hausangestellten und den Nachbarn gemeinsame Sache gemacht hatte. Auf Personal ist eine Kurtisane vom Renommee einer Veronica Franco angewiesen – allein um ihre Hände und die Fußsohlen seidenweich zu schleifen, sämtliche Haare am Körper zu entfernen, das Kopfhaar zu bleichen mit einer Mixtur aus Rebenasche und Alaun, Lupinenblütenaufguss mit Salpeter, Safran und Krapp, es dann aufwändig in kunstvolle Locken zu legen, braucht es bereits eine spezielle Hilfskraft. Doch die anspruchsvollen Gäste müssen auch noch bekocht und bedient, das luxuriöse Ambiente geputzt und gepflegt werden, und eine Leibwache hat dafür zu sorgen, dass kein abgewiesener Freier das Kapital der Franco zerstört, indem er ihr das Gesicht aufschlitzen lässt. Das gehört damals zum durchaus üblichen Geschäftsgebaren.

Vannitelli gönnt es seiner Dienstherrin offenbar nicht, dass sie den Aufstieg geschafft hat, dass sie nicht nur mit ihrer Liebeskunst Kardinäle, Adlige, Patrizier und reiche Fremde beglückt, sondern auch in der Dichtkunst einen brillanten Ruf genießt. Vor fünf Jahren schon, mit neunundzwanzig, hat Veronica Franco einen Gedichtband herausgebracht, die *Terze Rime*, und jetzt eine Sammlung ihrer vertraulichen Briefe an Freunde wie Tintoretto, in dessen Haus am *Rio della Sensa* sie verkehrt, aber auch an Heinrich III. – Briefe, aus denen Herzlichkeit und Selbstsicherheit sprechen, Wärme und Klugheit, Sarkasmus und Pragmatismus. Noch nie zuvor hat eine Frau derart private Mitteilungen veröffentlicht, schon gar nicht eine, die wie Veronica von ganz unten kommt und an die ganz oben schreibt, als wären sie nahe Verwandte; *lettere familiari* steht auf dem Titelblatt.

Wer sie jedoch angreift oder denunziert, gegen den fährt sie scharfe verbale Geschütze auf. Und die werden oft gebraucht. Es gibt zwar einen wie den eminent gebildeten Domenico Venier, Patriarch der mächtigen Sippe, der Veronica beschützt. Weil er, den sogar Torquato Tasso um sein Urteil bittet, wegen einer Beinlähmung nicht gehen kann, geht zu ihm, wer die Ehre hat, in die *Ca' Venier* geladen zu werden. Veronica hat sie. Und der Salon Domenicos liegt günstigerweise um die Ecke. Die Freundschaft des alten Venier hat Veronica allerdings auch eine erbitterte Feindschaft eingetragen: Der jüngere seiner beiden Neffen, Maffio Venier, vier Jahre jünger als die Franco, hat beschlossen, zum Schrecken der Familie zu werden. Als Dialektdichter mit satirischem Biss bewundern ihn viele, doch er ist zugleich ein so übler Charakter, dass ihn noch mehr fürchten. Ungefähr gleichzeitig mit Veronicas Gedichten ist auch von ihm Gereimtes erschienen, das mit einem Wortspiel beginnt: *Veronica, ver unica puttana* – »Veronica, wahrhaft einzigartige Hure«. Was der Sprachbegabte hier abgesondert hat, verrät jedem, dass sein Vater Lorenzo Venier war, der versucht hatte, die Zaffetta zu vernichten. Die Wortwahl Maffios ist der seines Vaters innig verwandt. »Durchtrieben und knitterig, schlaff und schimmelig, mager und faulig«, schmäht er die Franco, nennt sie »Schlammgespenst«,

*Hier, in der prächtigen Ca' Foscari, wurde Frankreichs neuer König während seines Venedig-Aufenthalts einquartiert. Doch er verbrachte die Nächte lieber in Veronicas unspektakulärem Quartier.*

»Schindmähre« und »pockennarbiges Ungeheuer«, alles selbstverständlich in fein gedrechselten Versen.

Veronica schlug umgehend zurück – zielte allerdings zuerst auf den Falschen, weil sie Domenicos älteren Neffen Marco für den Schmähredner hielt. Maffio erfuhr es selbstverständlich dennoch, dass die Franco einen Ton angeschlagen hatte, den noch niemals auf der Welt eine Frau einem Mann gegenüber riskiert hatte, schon gar nicht die aufgestiegene Tochter einer Kupplerin: Sie forderte den Schmähredner zum Duell »auf Leben und Tod« hinter geschlossenen Türen, ohne Sekundanten. Und er solle sich ja nicht einbilden, damit sei ein Liebesgefecht gemeint. Sie werde, erklärte sie, sein Blut vergießen, und koste es ihr eigenes. Wie sie das bewerkstelligen wollte, verriet sie nicht, aber es klang bedrohlich.

Veronica hätte gar nicht zu solch schweren Waffen greifen müssen. Der verbale Kot, den Maffio über sie gekippt hatte, blieb an ihr nicht haften.

Vannitelli hat das alles mitbekommen, ihm ist also klar, dass er andere Methoden finden muss, um Veronica Franco zu schaden. Und er ist zwar bösartig, aber nicht dumm. Er weiß, welche Vorurteile, Ängste und Aggressionen er sich zunutze machen kann, um seiner Dienstherrin zu schaden, und verwandelt sich vom Angeklagten zum Kläger: Veronica Franco sei, vermeldet er dem Inquisitionsgericht, eine Hexe und Ketzerin. An den Fastentagen esse sie alles, was Gott verboten habe, in die Messe gehe sie so gut wie gar nie. Weihwasser missbrauche sie wie in Hexenkreisen üblich, um herauszufinden, wer ihr etwas gestohlen habe, und außerdem verstoße sie gegen das Verbot, als Kurtisane

zu Hause Glücksspiele gegen Geld zu veranstalten. Um die Luxusverbote des *Magistrato del Pompe,* jenes Ordnungsamtes, das die Prunksucht der Venezianer kontrollieren und unterbinden soll, kümmere sie sich ohnehin nicht und trage die für ihr Gewerbe verbotenen Perlen zu jeder Tages- und Nachtzeit.

Vannitelli kennt die wunden Punkte genau, die er treffen muss: Die Gegenreformation hat die Furcht vor Hexen angeheizt und den Hass auf die Protestanten. Die Franco, behauptet Redolfo daher, habe mit schwarzer Magie die Männer dazu gebracht, ihr zu verfallen, darunter zahlungskräftige *Tedeschi,* deutsche Kaufleute, die üblicherweise im *Fondaco dei Tedeschi* wohnen und als Lutheraner verschrien sind. Geschlechtsverkehr mit Ketzern, heißt also die Anklage.

Gewitzt behauptet Vanitelli außerdem, Veronicas angeblicher Reichtum sei reine Prahlerei. Und nimmt dabei Bezug auf Maffio Venier, der erklärt hatte, wenn Veroncia ihren gesamten Hausrat in das Ghetto fahren ließe, um ihn dort zu versetzen, reichte der Erlös nicht einmal dafür, den Gondoliere zu bezahlen. Sicher hat Veronica wie so viele während der Pest vor fünf Jahren einen großen Teil ihres Vermögens verloren, doch es war noch genügend übrig, um das Gelichter in ihrem eigenen Haus zum Diebstahl zu animieren.

Obwohl Vannitelli nicht gut beleumundet ist und seine Komplizin, Veronicas Köchin und Zofe Bortola, ebenso wenig, schafft er es, eine erste Vorladung der Franco am Samstag, dem 8. Oktober, zu erzwingen; eine zweite folgt am 13.

*An dieser Figur eines orientalischen Kaufmanns am Campo dei Mori ging der große Tintoretto, Veroncias Bewunderer, täglich vorbei. Nicht weit von hier lag sein Haus am Rio della Sensa.*

Eines hat Vanitelli aber nicht einberechnet: das schriftstellerische Talent der Veronica Franco. Ihr Schreiben an die Herren vom Gericht ist ein psychologisches Meisterwerk. Nicht auftrumpfend, nicht überheblich, nicht einmal elegant formuliert, was ihr leicht fiele. Es hört sich an, als habe eine einfache Frau aus dem Volk es verfasst, brav, fromm, unterwürfig und fest davon überzeugt, es werde ihr Gerechtigkeit widerfahren. Niemals, schwört sie, habe sie an verbotenen Tagen Käse, Eier oder gar Fleisch gegessen, höchstens wenn sie einmal krank war oder im Kindbett lag – und das sei nun eben sechsmal der Fall gewesen. Und sechsmal habe sie ihr Kind an einem Freitag geboren – eine überprüfbare Tatsache. Das heißt, dass sie die übliche Kindbettsuppe, eine kräftige Fleischbrühe mit satter Einlage, am Fastentag essen musste. Kein Wunder, dass die Angelegenheit fallen gelassen wird. Freilich ohne dass die Denunzianten bestraft würden und ohne dass Veronica das Diebesgut zurückerhielte.

Dass sie instinktsicher den richtigen Ton für die Inquisitionsrichter gefunden hat, erstaunt nicht, denn sie musste alles alleine finden und erfinden, auch sich selber. Als einzige Schwester von drei älteren Brüdern wurde sie 1546 in Venedig geboren, und kurz darauf war ihre Mutter Paola Fracassa bereits Kurtisane geworden, weil der Vater es anscheinend nicht bewältigt hatte, seine vier Kinder durchzubringen. Später war Paola ins Verwaltungsfach übergewechselt und als Kupplerin ihrer Tochter tätig. Ein Mädchen noch, wurde Veronica mit einem Arzt namens Paolo Paniza verheiratet, der ihre erotischen Bedürfnisse nicht befriedigen konnte: Sie zog zurück ins Elternhaus, ließ sich von der Mutter verkaufen und wurde schon mit achtzehn von einem anderen Mann schwanger.

Jacomo di Baballi, reicher und adliger Kaufmann aus Ragusa, dem heutigen Dubrovnik, war der Vater ihres ersten Sohns, der als Kleinkind starb. Die folgenden fünf Kinder der früh verwitweten Veronica Franco hatten nur die Mutter gemeinsam. Und ihre Väter verband nur eines: dass sie genügend Sexappeal und Witz besaßen, um die anspruchsvolle Veronica zu verführen. Sohn Nummer zwei stammte von Andrea Tron, einem reichen Patrizier, der weiterhin mit seiner vornehmen Gattin im *Palazzo Tron* am *Canal Grande* residierte, während Veronica mit ihren Kindern in der Nähe von *Santa Maria Formosa* blieb, im *Sestiere Castello*, wo sie groß geworden war. Doch Veronica bewies mit der Namenswahl des Kleinen bereits, dass sie Ansprüche hat; sie nannte ihn, schließlich war sie in der antiken Literatur zu Hause, nach Trojas Helden *Enea* – Aeneas. Der dritte Sohn stammte von Guido Antonio Pizzamano, Sohn eines großen Senators, der selbst nur den Ruf eines großen Wüstlings genoss und zeitweise mit einer flüchtigen Nonne hauste. Sohn Nummer vier, bescheiden *Achiletto* – kleiner Achill – genannt, war Ludovico Ramberti zu verdanken, dessen Vater Stefano kein Palast, aber die Apotheke am *Rialto* gehörte, die eine Goldgrube war. Weniger goldig war Ludovicos Bruder Pietro, der aus nur ihm bekannten Motiven seine Tante umbrachte; immerhin erwies sich Ludovico angesichts der drohenden Hinrichtung seines Bruders als das, was er

*Früher wanderten betuchte Männer in die Calle del Pestrin, um Veronica Franco zu besuchen. Wer heute in diese Gasse pilgert, will meist ins Corte Sconta, zu deutsch: Versteckter Hof, ein Lokal, das mit köstlichen venezianischen Spezialitäten wie* Baccalà montecato *(eine schaumige Stockfischmousse) aufwartet.*

Veronica auch immer blieb: ein pragmatischer Freund. Beim innigen Abschiedskuss schob er Pietro eine mit tödlichem Gift gefüllte Nuss in den Mund. Es hatte seine Vorteile, eine Apotheke zu besitzen. Und alles andere, was Ludovico besaß, nämlich die bei Chioggia gelegene Insel *Ca' Manzo* samt allem, was sie erbrachte, vermachte er vorausblickend bereits kurz nach der Geburt seinem unehelichen Sohn Achiletto, um sein Erbrecht gegen den Neffen abzusichern.

Von diesen Geschichten kann Montaigne, der sich nur kurz in der Serenissima aufhält, kaum etwas erfahren haben. Aber Veronica muss sich fragen, ob Montaigne möglicherweise die von Maffio Venier in die Welt gesetzte Unterstellung zu Ohren gekommen ist, keine andere als sie habe das *mal franzese*, die Syphilis, in Venedig eingeschleppt, die ihr irgendein Fremder als Souvenir hinterlassen haben soll. Dass sie schon vor drei Jahren, 1577, Mitbegründerin einer *Casa di soccorso* gewesen ist, einer Institution für umschulungswillige Prostituierte samt Kindern bei der Kirche *San Niccolò da Tolentino*, hat den Gerüchten Nahrung gegeben, die Franco habe sich bereits mit den ekelerregenden Symptomen dieser Krankheit herumzuschlagen und sich deshalb aus dem aktiven Berufsleben zurückgezogen. Warum sonst sollte sie auch einer Freundin in grobem Ton abgeraten haben, ihre Tochter Kurtisane werden zu lassen? Warum sonst sollte sie drastisch geschildert haben, wie erniedrigend dieser Beruf ist, der jeder Frau die Würde nimmt: »Sich so vielen als Beute ausliefern, in der ständigen Gefahr, beraubt und ausgeplündert, ja ermordet zu werden, an einem einzigen Tag alles entrissen zu bekommen, was man lange Zeit über erworben hat, mit so vielen anderen Risiken, Beleidigungen und mit grässlichen ansteckenden Krankheiten … Mit dem Mund eines anderen essen, den Augen eines anderen schlafen, sich nach dem Willen eines anderen bewegen … Gibt es ein schlimmeres Elend?«

Was Veronica nicht wissen oder auch nur vermuten kann: Montaigne hat zwei triftige Gründe, bei ihr nicht zu verkehren, die weder mit ihrer Verleumdung als Hexe noch der als Seuchenverbreiterin zu tun haben.

Der eine ist finanzieller Natur. Obwohl er vermögend ist und auf dem Schloss seiner Familie ein opulentes Haus führt, findet er es empörend, was Veronica angeblich verlangt; es heißt, ein Kuss von ihr koste bereits fünf bis sechs Scudi und das, was Montaigne angewidert »das ganze Geschäft« nennt, satte fünfzig. Im Katalog der käuflichen Venezianerinnen von 1566 war sie unter der Nummer 204 noch als Billigangebot verbucht: zwei Scudi pro Nacht. *Vero. Franco, a Santa Maria Formosa, pieza so mare, scudi 2.* Doch nicht nur diese Preissteigerung aufs Fünfundzwanzigfache, zu der sein königlicher Landsmann Heinrich III. erheblich beigetragen hatte, hält Montaigne ab. Er hat Ärger mit einem Organ, das für intime Annäherungen unverzichtbar ist. Nierensteine bescheren Montaigne schon seit einiger Zeit nicht nur Koliken an den Nieren selbst; sein Diener, der tagtäglich den Geruch des Urins, die Beschaffenheit des Stuhlgangs und der abgehenden Nierensteine protokolliert, vermeldet, manche blieben »für fünf, sechs Stunden in der Rute stecken, ehe der Durchgang geschafft« sei.

Montaigne kann nicht wissen, dass Veronica Franco ihn vermutlich gar nicht in die Verlegenheit gebracht hätte, intime Schwierigkeiten offen legen zu müssen: Das Gespräch mit ihm hätte sie bestimmt erotisierender gefunden als seinen gar nicht mehr jugendfrischen Körper. Er kann auch nicht ahnen, dass es ihn höchstwahrscheinlich keinen einzigen Scudo gekostet hätte, sie in ihrem Haus beim *Campo San Giovanni Nuovo* zu besuchen, vielmehr im Gegenteil um eine Erfahrung bereichert hätte: dass eine Frau, die mit Beischlaf ihr Geld verdient hat, ihm als Gesprächspartnerin das Wasser reichen kann.

Doch ganz unbeeindruckt will Veronica, die sich bei König Heinrich selbstbewusst mit zwei selbstverfassten Sonetten bedankt hat, den sich verweigernden Essayisten nicht ziehen lassen. »Am Montag, dem 6. November, zur Abendessenszeit, ließ ihm Frau Veronica Franco, eine venezianische Edeldame, ein kleines Buch mit Briefen überbringen, das sie zusammengestellt hatte«, heißt es im *Journal de voyage en Italie,* seinem Reisetagebuch.

Immerhin hat er sie geadelt.

Zwei Jahre nach Montaignes Besuch in Venedig bezeugt eine Eintragung des Finanzamts, dass Veronica im Jahr nur noch 26 Dukaten verdient – die Hälfte von dem, was ihm als Satz für eine Nacht genannt worden war. Sie arbeitet offenbar wirklich nicht mehr, und ihre eigenen Worte, dass niemand stärker gefährdet sei, beraubt, betrogen und bestohlen zu werden als eine Kurtisane, haben sich bewahrheitet. Veronica ist umgezogen in die Nähe von *San Samuele,* in ein billiges Viertel mit schlechtem Ruf. Und jeder in Venedig weiß, wie viel es aussagt, wo jemand wohnt. Jeder von Veronicas Umzügen wurde hier registriert als Auskunft zur wirtschaftlichen Lage. Ist dieser Niedergang der einst so hoch geschätzten Veronica Franco der Grund dafür, dass ihre Adoptivtochter Marina es vorzieht, Nonne zu werden?

Ihren Widersacher Maffio Venier wird Veronica kurz darauf los: Durch erpresserische Machenschaften schafft er es 1583, von Papst Sixtus V. zum Erzbischof von Korfu erhoben zu werden. Und sie erlebt es noch, dass ausgerechnet er, der sie als die Verbreiterin der Syphilis denunziert hatte, selbst an den Folgen dieser Krankheit verendet.

Angeblich ist es der Typhus, der Veronica bricht. Monatelang bettlägerig, stirbt sie 1591 »an einem Fieber«, wie es heißt. Sie stirbt im Juli, jenem Monat, in dem siebzehn Jahre zuvor mit dem Besuch des Königs ihr steiler Aufstieg begonnen hatte. Und mit dem Tod der Veronica Franco beginnt der jähe Abstieg jenes Berufsstandes, dem sie zu Ruhm verholfen hat: Sie zeigte, dass Liebe eine Kunst sein kann.

**UNTEN** | *Die Einsamkeit einer Kurtisane ist heute Geschichte. Die einsamen Gestalten des Carnevale – hier am Palazzo Ducale – sind nur für den Fotografen melancholisch und verlassen.*

**FOLGENDE DOPPELSEITE** | *Wie subjektiv das Recht in Venedig gedeutet wurde, mussten viele Kurtisanen erfahren, auch Veronica Franco. Doch immerhin entkam sie der Schande, hier auf der Piazetta gerichtet zu werden: Zwischen diesen beiden monolithischen Säulen, bekrönt mit der Gestalt Theodors, des alten Patrons der Republik, und dem Löwen des Markus, des neuen Patrons, wurden Hochverräter und Schwerverbrecher enthauptet. »Guardate dell' entrecolumni«, sagt daher ein venezianisches Sprichwort: »Hüte dich vor dem Platz zwischen den Säulen!«*

TAXI

# Elena Lucrezia Cornaro Piscopia

## Demonstration eines Wunders im Palazzo Corner Loredan

Weltpremiere: Die blasse, schüchterne Oblatin muss, um die Eitelkeit ihres Vaters zu befriedigen, akademische Ehren erringen die niemals zuvor einer Frau zuteil geworden sind.

**LINKS** | *Antonio Molinari: Elena Lucrezia Cornaro Piscopia – Porträt in allegorischer Rahmung (1673)*

**LINKE SEITE** | *Beeindruckend reich: Der* Palazzo Corner Piscopia Loredan *gehört zu den besterhaltenen Palästen im venezianisch-byzantinischen Stil am Canal Grande. Gut sichtbar ist hier die typische Anlage eines Fondaco, der unten als Warenlager benutzt wurde.*

**VORHERIGE DOPPELSEITE** | *Der Rialto, die Wallstreet des Mittelalters, war auch im 17. Jahrhundert noch der Platz, an dem Venedigs Händler und Bankiers ihre Geschäfte machten. Dass der Palast von Elenas Vater ganz in der Nähe des Rialto lag, war kein Zufall.*

An diesem Tag soll es ganz Venedig erfahren: Der Prokurator Corner hat in seine Tochter nicht vergeblich investiert. Obwohl sie jetzt, im Jahr 1677, als Ehefrau nur noch schwer zu vermitteln wäre, zeigt sich, dass die Rechnung von Giovanni Battista Corner Piscopia aufgeht. Eine Rechnung? Eher eine Spekulation.

Elena ist einunddreißig, und möglicherweise ließe die zu erwartende Mitgift manchen Bewerber ihr Alter geflissentlich übersehen, aber sie hat einen Schönheitsfehler, der kaum auszugleichen ist: Elena Cornaro ist unfasslich belesen. Schuld an der Bildung ist ausgerechnet ihr eigener Vater. Er hat es finanziert, dass das fünfte seiner sieben Kinder Grammatik, Rhetorik, Dialektik, Arithmetik, Geometrie, Astronomie und Musik in Theorie und Praxis gelernt hat, alles von renommierten Privatlehrern. Und jeder fragt sich: Wozu? Denn in der Familie Cornaro gehört der Geschäftssinn als sechster Sinn zur natürlichen Grundausstattung. Und eine Tochter geistig zu fördern, gilt dort eigentlich als Gefühlsduselei. Elenas Schwester Caterina Isabetta hat er vorteilhaft verheiratet, die beiden Söhne Francesco und Girolamo gut ausgebildet für eine Laufbahn, die ein politisches Amt mit merkantilem Erfolg vereint, denn Giovannis Söhne erben die Verantwortung für ein kleines Reich. Der Zusatzname Piscopia verweist auf einen Besitz, um den viele andere Patrizier Giovanni beneiden: ein Lehen auf Zypern, das seine Sippe schon im 14. Jahrhundert samt Adelstitel vom zypriotischen König Pierre de Lusignan bekommen hat, als kleinen Dank für einen großzügigen Kredit. Und dieses Piscopia ist ein Filet auf der Insel, von der sich jeder der venezianischen Kaufleute ein Stück abzuschneiden versucht: Bestens mit Wasser versorgt und durch eine Festung leicht zu verteidigen, gedeihen dort Zuckerrohr, Olivenbäume, Baumwolle und Reben. Und mit Zucker, der in ganz Italien für ein besonders wirksames Heilmittel gehalten wird, lässt sich ebenso sicher Geld machen wie mit gutem Olivenöl, Stoffen und Zypernwein, dem Lieblingsgetränk der besseren Gesellschaft in Venedig.

Wer vom *Canal Grande* aus das Haus des Giovanni Corner Piscopia betrachtet, ganz in der Nähe des *Rialto* gelegen, sieht bereits von außen, dass dem Besitzer nichts fehlt. Jede freie Stelle an der Fassade ist mit ausgesuchtem farbigem Marmor gepflastert. Und die Konstruktion verrät, dass hier nicht nur residiert, sondern gehandelt wird. Der *Palazzo Corner Piscopia Loredan** ist ein *fondaco*, die typisch venezianische Kombination von Palast und Geschäftszentrum: Hinter den hohen Arkaden im Erdgeschoss, das hier Wassergeschoss genannt werden müsste, erstreckt sich ein beachtliches Warenlager. Dass der zugehörige Kai zu jener Zeit *Riva della Moneta* heißt, ist kein Zufall.

Von außen gesehen ist die Welt der Familie Cornaro Piscopia in Ordnung. Trotzdem vermisst Giovanni Battista eines schmerzlich, ohne das sein Vermögen letztlich wertlos ist: das öffentliche Ansehen. Dass er es als ein Cornaro verloren hat, muss er sich selbst zuschreiben. Nicht die Tatsache, dass seine Älteste unehelich zur Welt gekommen ist, hat ihm geschadet. Was ihn zum Außenseiter der venezia-

**RECHTE SEITE** | *Im* Palazzo Barbarigo della Terrazza, *so genannt wegen seiner ebenso großen wie ästhetisch missglückten Terrasse, wohnten die reichen Verwandten des Kardinals Barbarigo, der in Elenas Promotionsverfahren eine zentrale Rolle spielte. Wegen ihres Vermögens wurden sie* Barbarigo del Banco *genannt.*

nischen Gesellschaft gemacht hat, ist die Mutter seiner Kinder: Zanetta Boni. Das Register von *San Luca* bezeichnet sie in Elenas Taufeintrag als *creatura*. In Venedig läuft sie überall nur unter dem Namen *Zanetta Valdesabbia*. Jeder weiß, was der Appendix zu sagen hat; er verrät, wo ihre Familie herkommt – aus einer Region nahe Brescia, die zu den ärmsten in Italien zählt. Die Hungersnot hatte die Boni, Makler der untersten Kategorie, wie viele ihrer Landsleute auch, aus Valdesabbia nach Venedig getrieben.

Dass Giovanni sich in Zanetta verliebt hat, ist verständlich; sie ist nicht nur temperamentvoll, geistesgegenwärtig und zupackend, sie hat auch Eigenschaften, die in Venedig äußerst selten sind. Als verlässlich und konstant in ihren Empfindungen wird sie beschrieben, als etwas rüde im Auftritt, aber aufrichtig und warmherzig. So eine Frau passte nicht nach Venedig, in die Metropole der eleganten Lügen und der kalten Diplomatie. Umgehend wurde ihr nachgesagt, sie habe ein Vorleben als Hure und Giovanni Corner nur mit Hexenzauber dazu gebracht, ihr restlos zu verfallen.

Dass Giovanni die *creatura* dann neun Jahre nach Elenas Geburt auch noch heiratete, milderte die Entrüstung der Honoratioren nicht, im Gegenteil: Die *Avogadori del Comun* weigerten sich, diese Mesalliance ins Goldene Buch einzutragen. Folge jener Weigerung: Giovannis Söhne Francesco und Girolamo galten nicht als Patrizier. Und das wurde einer Familie zugemutet, die zu den *case vecchie*, den vier ältesten Familien der Stadt gehörte.

Giovanni Battista war nie der Typ, der Probleme auf diplomatischem Weg löste, er war von jeher daran gewöhnt, alle Schwierigkeiten mit Geld aus dem Weg zu räumen. Wenn das nicht funktionierte, wurde er ärgerlich – ein Jahr nach seiner Hochzeit so ärgerlich, dass ihn die Wasserbehörde wegen »Unverschämtheit« ins Gefängnis sperrte. Doch meistens klappte es: Er hatte sich schließlich die Position als Prokurator damals im Jahr 1649 auch erkauft mit 25 000 Dukaten für die Kriegskasse. Und nachdem vier Anträge, seine Söhne vom Großen Rat als Patrizier anerkennen zu lassen, gescheitert waren, griff er etwas tiefer in die Tasche. Für 150 000 Dukaten gaben die Ratsherren ihren Widerstand auf.

Das ist nun schon dreizehn Jahre her, aber Venedigs bessere Gesellschaft meidet nach wie vor den Palazzo der *Procuratessa* und des *Procuratore* Corner Piscopia, als wäre er verseucht von einer ansteckenden Vulgarität.

Dass dieses Haus eine der besten Privatbibliotheken der Serenissima besitzt, weiß kaum einer, und es interessiert auch niemanden. Giovanni Battista hat in diesen Bücherbestand aus denselben Gründen investiert wie in seine Tochter Elena Lucrezia: Geist soll den Geruch des Gemeinen aus seinem Palast vertreiben. Doch das braucht Zeit.

Es hat sich herumgesprochen, dass Elena von Professoren aus Pisa und Padua unterrichtet wurde, dass sie die gelehrten Herren schon mit neun Jahren verblüffte mit ihrem Wissen, ihrer Schlagfertigkeit und der Schärfe ihrer Argumentation und dass sie Orgelunterricht nahm beim Orga-

nisten von *San Marco*. Mit sechzehn hatte sie den Ruf, ein Wunderkind zu sein, und Giovanni Corner sorgte dafür, dass in Venedig darüber geredet wurde, welche bewundernden Briefe seine Tochter bekam, dass prominente Gelehrte Elena ihre Werke widmeten und dass es in Venedig niemanden gab, auch keinen Mann, der sich an Vielseitigkeit mit ihr messen konnte. Er hatte schon einige Male seine Tochter, die das hasste, genötigt, vor Publikum zu demonstrieren, wie gescheit sie war. Doch noch immer weigerten sich die Damen und Herren der oberen venezianischen Kreise, über die Schwelle der *creatura* und ihres cholerischen Ehemanns zu treten.

Elenas Vater kann man manches nachsagen, und das meiste zu Recht, nicht aber mangelnde Hartnäckigkeit. Und in diesem Jahr 1677 zahlt sie sich aus. Er führt seinen größten Erfolg, die Tochter Elena Lucrezia, nicht nur Fachleuten im kleinen Kreis vor, sondern inszeniert für sie eine aufwendige Feier. Auf Latein und Griechisch, wird angekündigt, werde sie mit berühmten Gelehrten ein Streitgespräch über philosophische Themen führen – vor handverlesenen Gästen. Auch diejenigen, die von diesen Themen keine Ahnung haben, wollen nun unbedingt dabei sein.

Die Werbekampagne von Giovanni Battista ist klug erdacht. Was als eine Sensation für wenige Erwählte und besonders anspruchsvolle Feingeister beworben wird, zieht magisch an. Auf einmal wird darum gebuhlt, ins Haus der Corner Piscopia geladen zu werden.

Das Treppenhaus im *Palazzo Corner*, das Giovanni Battista hat umbauen lassen, beeindruckt die naserümpfenden Gäste. Doch was die goldbehängten Damen und Herren in Seidentaft, Samt und Brokat dann zu sehen bekommen, ist zuerst einmal enttäuschend: eine schmale Frau mit langem Hals, ungeschminkt und völlig schmucklos in einem mehr als bescheidenen Kleid. Seit zwölf Jahren schon ist Elena Oblatin der Benediktiner von *San Giorgio Maggiore*, also eine außerhalb des Klosters lebende Nonne, die ihr Gelübde jederzeit widerrufen kann. Doch Elena hat gerade erst ihren Schwur erneuert, lebenslang keusch zu bleiben. Ob sie das aus freien Stücken getan hat oder weil es zur Strategie ihres Vaters gehört, ist schwer zu sagen.

An diesem Tag jedenfalls verhilft sie ihrem Vater zur Rehabilitierung: Alle, die zählen, sind da. Und hören mit offenen Mündern zu, wie Elena jeden verbalen Waffengang mit Bravour besteht. Noch nie hat eine Frau sich derart souverän mit gelehrten Männern vor Zeugen geschlagen. Und dass Elena schüchtern ist, schnell rot wird und so gar nichts aus sich macht, lässt die Obszönitäten, die ihrer Mutter angehängt worden sind, vergessen.

*Die beiden Untergeschosse des Palazzo, in dem Elena geboren wurde, stammen noch aus dem 13. Jahrhundert. Erst später wurde aufgestockt. Beeindruckt waren die hohen Herren aber weniger von dem Bauwerk als von der Bewohnerin. Zumindest nach ihrem Tod zeigte man unverhohlen den Stolz darauf, dass die erste promovierte Frau der Welt eine Venezianerin war, und brachte am Palast ihrer Familie, an der Mauer in der Calle Carbon, eine Gedenktafel an: »Qui nacque l'anno 1646 Elena Lucrezia Cornaro Piscopia, prima donna laureata nel mondo«.*

Nachdem sie geistig brilliert hat, werden ihr auch noch musikalische Zugaben abgerungen. Und Elena singt. Auf Spanisch und Lateinisch, auf Alt- und Neugriechisch, auf Italienisch und Französisch. Sie könnte auch noch auf Hebräisch und Chaldäisch singen, denn auch diese beiden Sprachen beherrscht sie perfekt – mit Rabbinern wie Shemuel Aboaf diskutiert sie regelmäßig –, doch bei den katholischen Honoratioren käme das wohl weniger gut an.

Giovanni Battista Corner Piscopia könnte zufrieden sein mit diesem Ereignis. Doch sein Ehrgeiz, mit Hilfe seiner Tochter berühmt zu werden und etwas Einzigartiges, noch nie Dagewesenes zu erreichen, ist nicht befriedigt.

Im November desselben Jahres, in dem Elena die venezianische Elite in den *Palazzo Corner Piscopia* gelockt hat, schreibt Giovanni Battista Corner an Kardinal Gregorio Barbarigo, Kanzler der theologischen Fakultät an der Universtität Padua, doch zugleich beinahe Nachbar, wohnhaft im *Palazzo Barbarigo* unterhalb des *Rialto*. Wie üblich in harschem, forderndem Ton stellt Corner den Antrag, seine Tochter in Theologie promovieren zu lassen.

Hat sie deswegen den Oblatinnen beitreten müssen?

Der Kardinal antwortet unmissverständlich: Eine Universität, die es einer Frau ermöglichen würde, Doktor der Theologie zu werden, würde »alle Universitäten zum Lachen und sich um ihren Ruf bringen«. Doch er erkennt Elenas Leistung an, betont, sie sei »eines jeden Examens würdig, wenn nicht ihr Geschlecht dem entgegenstünde, das allein den Zugang zur Kathedra behindert«, und schlägt einen Kompromiss vor. Doch damit gibt sich einer wie Giovanni Corner nicht zufrieden. Seine Briefe an den Bischof arten in ein Geschützfeuer aus. Der Prokurator wird dreist, sein Ton wird ausfallend, und der Kardinal wird streng. »Sie erhitzen und versteifen sich immer mehr«, schreibt er. Corner solle endlich einsehen, dass es nicht seine subjektive kirchenfürstliche Entscheidung sei, Elena den theologischen Doktor zu verweigern; dieser Titel beinhalte eine Lehrerlaubnis. Nicht er, sondern der heilige Paulus habe festgelegt, dass Frauen keine Theologie lehren dürften. Gegen einen Heiligen ist ein Kardinal eben machtlos. Nicht aber ein reicher Prokurator: Elenas Vater lässt über den paduanischen Mathematikprofessor Carlo Rinaldini eine theologische Analyse besorgen – pikanterweise verfasst von einem aus Barbarigos Fakultät –, in der die Argumente des Heiligen Paulus nach allen Regeln der Kunst widerlegt werden.

Dem Kardinal ist klar, dass er den Prokurator nicht abschütteln kann, und er bietet an, die kluge Tochter stattdessen in Philosophie zu promovieren.

*Ein schöner Ausblick für die kluge Tochter: So schaut man noch heute aus dem Palazzo Corner Piscopia hinaus auf den Canal Grande.*

Der Prokurator hat endlich die Sensation, auf die er gehofft hat. Kein Saal in der Universität ist groß genug, um die Neugierigen zu fassen, die zuschauen wollen, wie ein Weltereignis sich abspielt. Hauptdarstellerin: eine schreckhafte, schüchterne Venezianerin von zweiunddreißig Jahren.

Am 25. Juni 1678 ist die Kathedrale von Padua so voll, als wäre der Papst zu Besuch. In der Apsis ist Elena zu sehen, umringt von den Professoren, und es sieht einen Augenblick so aus, als gäbe sie auf: Sie soll eine These aus der Aristotelischen Logik und Physik, die ihr erst am Tag zuvor angezeigt worden ist, verteidigen. *Questo non posso,* stottert sie, *perchè in fine sono una zitella.* – »Das kann ich nicht, denn letzten Endes bin ich nur eine unverheiratete Frau«. Doch dann rafft sie sich auf. Und Hunderte werden Augenzeugen, wie zum ersten Mal auf der Welt einer Frau die Insignien der Doktorwürde verliehen werden: Elena Lucrezia Cornaro Piscopia wird ein Ring angesteckt, das Buch übergeben, ein Lorbeerkranz aufgesetzt und ein hermelinbesetzter Umhang um die Schultern gelegt.

Venedig ist stolz auf sie, so stolz wie ihr Vater. Kaum ist sie zurück in der Stadt, beruft der Senat eine Sondersitzung ein. Die Tochter des Prokurators Corner redet, die Senatoren lauschen. Nun ist Corner endlich zufrieden. Keiner fragt Elena, ob sie es ist.

Sie widmet sich weiter still ihren Studien, er der Verteidigung ihrer und damit seiner Einzigartigkeit: Keine andere Frau darf zu derselben Ehre kommen wie seine Tochter. Rigoros lehnt der Prokurator es wenige Monate nach Elenas Promotion ab, dass Carla Gabriella Pontino, Tochter eines Paduaner Medizinprofessors, ebenfalls in Philosophie promoviert wird. Wie hat man ihn derart missverstehen können? Es ging ihm doch nicht um die Rechte der Frauen im Allgemeinen, und um die seiner Tochter auch nicht.

Immer wieder hat Elena sich gewehrt gegen die Vermarktung durch ihren Vater, hat erklärt, wie erniedrigend sie es finde, zur Schau gestellt zu werden, und geklagt, derartige Aktionen verkürzten ihr Leben. Sie stirbt mit achtunddreißig Jahren.

* Ursprünglich hieß er nach den Erbauern, denen wie allen großen venezianischen Familien einige Paläste in der Stadt gehörten, *Palazzo Loredan.*

# Anna Girò & Antonio Vivaldi

## Die fraglichen Nächte in der Calle di Sant' Antonio

Schicksalsgemeinschaft: Ohne den berühmten Komponisten hätte Anna Girò niemals den Durchbruch geschafft – ohne die umjubelte Sängerin wäre Antonio Vivaldis Stern schon viel früher gesunken.

**LINKS** | *Gabriele Bella: Damenkonzert im Saal der »Filarmonici« in Venedig (nach 1782)*

RISTORANTE
NO·AI·TRAFFI
LVAGGIO
STOP·AI
MOTO·OND

**LINKE SEITE** | *Befand sich hier das Liebesnest von Anna Girò und Antonio Vivaldi? Die Gerüchtemacher verbreiteten es, denn in dem mittleren Haus an der Riva del Carbon wohnte der Meister, und Anna verbrachte hier ihre Tage. Auch ihre Nächte?*

**VORHERIGE SEITEN** | *Die Muttergottes mit Jesusknabe und Johannes, zugleich Caritas, Sinnbild der Fürsorge, befindet sich am Giebel der Kirche Santa Maria Formosa. Ganz in der Nähe wohnte Veronica Franco, Venedigs berühmteste Kurtisane, die ihren fünf unehelichen Kindern von fünf verschiedenen Vätern eine vorbildliche Mutter war.*

Es war zu erwarten, dass sie irgendwann darauf stoßen würden. Schließlich sind genügend Spitzel im Dienst der Inquisition tags und nachts in der Stadt unterwegs und schreiben ihre Berichte. Außerdem gibt es jede Menge Zeugen für das, was ihnen jetzt zur Last gelegt wird, denn vorsichtig sind sie beide nie gewesen. Wozu auch? Trotzdem kommt der Schlag für Anna und Antonio überraschend.

Es könnte eine schwerelose Zeit sein für Anna. Sie ist jung,* und sie ist ein Star. Nicht nur hier in Venedig brüllen die Zuschauer »Brava, bravissima«, wenn sie sich verneigt. Sie hat auf ihren Tourneen in Wien, Graz und Prag, aber auch bei Auftritten in Italien von Turin bis Florenz, von Mailand bis Bologna, von Pavia bis Ancona das Publikum hingerissen. Womit? Nein, ihre Stimme ist es nicht, die ist geschult, geschmeidig, aber nicht groß. Goldoni, der aufsteigende Theaterdichter, sagt zwar, sie sei *bella e graziosa*, aber er wird über ihre Qualitäten als Sängerin später einmal leicht abfällig schreiben: »Sie war nicht schön, aber reizend, hatte eine artige Taille, schöne Augen, schöne Haare, einen niedlichen Mund, wenig Stimme, aber viel Spieltalent.«

Anna können solche Seitenhiebe gleichgültig sein. Ihr Mezzosopran reicht aus, um sämtliche Koloraturen von Vivaldi bis Hasse und Galuppi zu singen, und ihre Gabe, gerade unglaubwürdigen Hosenrollen so viel Saft und Kraft zu geben, dass das Publikum ihr bereitwillig den männlichen Liebhaber abnimmt, macht sie unersetzlich für jeden venezianischen Impresario. In Florenz wurde auf sie feierlich ein offizielles Sonett gedichtet, gedruckt wie eine Urkunde mit Ruhmesgöttin und Lorbeerkranz, gewidmet »dem einzigartigen Können der Frau Anna Girò«. Eigentlich heißt sie Anna Maddalena Giraud, denn ihr Vater stammt aus Frankreich, wo er Tesière hieß, aber den Beinamen Giraud trug. Die Italiener haben daraus *Tessieri, detto Girò* gemacht. Anna ist ein selbstbewusster, selbstkritischer und intelligenter Star. Sie weiß sehr genau, welche Rollen ihr liegen, das muss sogar Goldoni eingestehen. Das Libretto von Vivaldis Oper *Griselda* passte ihr überhaupt nicht, und als der Theaterbesitzer von *San Samuele* eine Neufassung in Auftrag gab, war klar, was Goldoni ändern musste, denn Pathos konnte Anna Girò von jeher nicht ausstehen. »Mamsell Girò ist keine Liebhaberin von schleichendem, langsamem Gesang«, hat Goldoni schnell kapiert; sie wolle eine Arie »voll Ausdruck, voll Feuer«, ein Stück, das »Leidenschaften auf verschiedene Arten ausdrückt, zum Beispiel durch abgebrochene Worte, durch ausgeatmete Seufzer, mit Aktion, mit Bewegung«. Der venezianische Gesandte in Neapel, der dort von den sensationellen Erfolgen der Girò schwärmt, redet sogar von ihrem *furor*. Die Frau ist offenbar geladen mit Energie und Temperament und will das Publikum nicht mit fadem Schönklang oder artistischem Getriller in Bann schlagen, sondern mit intensiven Gefühlen.

Es gelingt ihr, sie wird genau deswegen vergöttert, und sie könnte ihr Dasein in Venedig genießen. Könnte es auskosten, wenn der Markusplatz im Frühling bis in den Herbst hinein zu einem Salon wird, in dem sie ihre Bewunderer

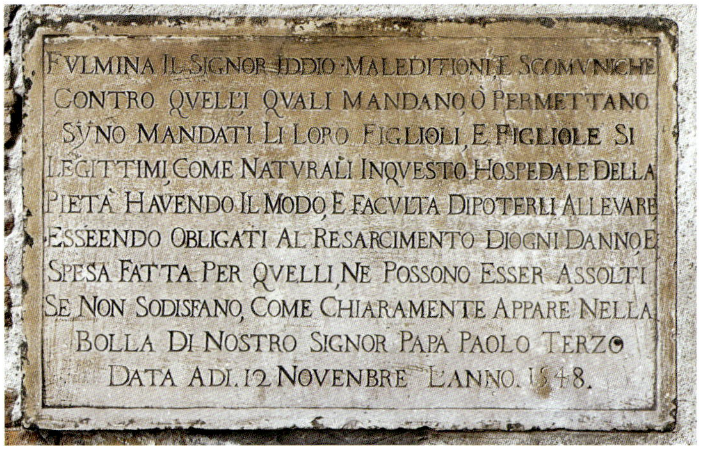


hofieren. Doch eine völlig unerwartete Nachricht vergällt Anna im November 1737 den süßen Geschmack des Erfolges. Eine Nachricht, die der päpstliche Nuntius in Venedig in dem Haus in der *Calle di Sant'Antonio* abgeben lässt, wo Anna und Antonio leben. Absender ist der Erzbischof von Ferrara. Sie gilt nicht direkt Anna, sondern dem Mann an ihrer Seite. Doch Anna versteht sofort, welche finanzielle Katastrophe das bedeutet. Sie weiß ja, dass ihr Lebensgefährte seine Hoffnungen ganz auf das nahe Ferrara setzt, wo er im Dezember 1736 mit der Uraufführung seines *Demetrio* und Anna Girò als umjubeltem Star einen Triumph verbucht hatte. Denn das Pflaster in Venedig ist ihm zu heiß geworden. Seine Zukunft sieht er in Ferrara. Und nun kriegt er zu hören, ihm und Anna sei es streng verboten, diese Stadt überhaupt nur zu betreten. Obwohl Antonio mit Bentivoglio bereits feste Verträge gemacht hat für die kommende Karnevalssaison dort. Der Marchese Bentivoglio ist verantwortlich für das Programm der Theater in Ferrara. Im letzten Jahr noch hatte er mit dem Erfolgspaar aus Venedig den besten Kontakt. Für den Karneval 1738 hatte Bentivoglio nun bei Antonio eine neue Oper in Auftrag gegeben. Der hatte sich sofort daran gemacht, Sänger engagiert und Anna eine Rolle auf den Leib komponiert.

Vielleicht haben Anna und Antonio diesem Mann, dessen Name bedeutet »Ich will dir gut«, zu naiv vertraut. Denn schon im Mai hätte ein Brief von Bentivoglio die beiden warnen müssen. Darin hatte der Marchese Antonio abgeraten, persönlich in Ferrara aufzutreten, und ihm nahegelegt, jemand anderen die Aufführungen leiten zu lassen.

Steckt Bentivoglio mit dem Kardinal unter einer Decke? Es hat sich herumgesprochen, dass Bentivoglio, vielleicht, weil er selbst Appetit auf die junge Sängerin verspürt, das uneheliche Verhältnis von Antonio und Anna schon länger satt hat. Und das rüde Verbot des Kardinals hat denselben Grund: Es empört ihn, dass Antonio seit Jahren mit dieser Sängerin zusammenlebt. Doch wozu die Aufregung? Solche Beziehungen sind durchaus üblich. Dass Antonio leicht Annas Vater sein könnte, stört keinen. Und dass auch noch Annas Schwester Paolina in demselben Haushalt lebt, verführt nicht einmal die Venezianer zu Zweideutigkeiten, denn die ist eindeutig zu Antonios Pflege bestellt. In Venedig, wo Affären zum guten Ton gehören, nebeneheliche Geliebte zur seelischen Hygiene und wilde Ehen zum Alltag, ist es nichts Besonderes, was Anna und Antonio praktizieren, wäre da nicht Antonios Beruf: Er ist Priester. Und selbst das reichte nicht zum Skandal, weil viele geistliche Kollegen von Antonio Vivaldi nichts dabei finden, ungeniert Kinder zu zeugen. Doch Kardinal Ruffo arbeitet an seinem Image als gnadenlos strenger Kirchenfürst. Er ist entschlossen, eine Säuberungsaktion in den eigenen Reihen durchzuführen – wohl ahnend, dass das bedeutet, die Ställe des Augias auszumisten, denn Gewohnheitsrechte werden gerade in Venedig schnell anerkannt, und die meisten Geistlichen treiben seit Jahrhunderten alles, was der Papst verboten hat. Doch anscheinend will Ruffo mit diesem Fall ein Exempel statuieren, denn

*Am 3. Mai 1704 wird Antonio Vivaldi in den Zahlungsbüchern der Kirche Santa Maria della Pietà (unten) zum ersten Mal genannt als Musiklehrer des zugehörigen Ospedale, das als Konservatorium für musikalisch begabte Mädchen diente. Die Steintafel (linke Seite), die dort angebracht ist, verweist auf die eigentliche Funktion des Ospedale: ausgesetzte Kinder zu versorgen und zu erziehen. Dort bekam auch Anna Girò ihre Grundausbildung als Sängerin, obwohl sie kein Findelkind war, sondern Tochter bemühter Eltern. Der Kirchenbau, wie er heute zu sehen ist, wurde erst 1745–1760 errichtet, also nach Vivaldis Tod im Jahr 1741.*

Antonio Vivaldi ist in Venedig berühmter als all seine Kollegen in Gottes Namen. Außerdem hat er seit Jahren schon einen schlechten Stand in seiner Heimatstadt; Missgunst hat den Sockel zernagt, auf den die Venezianer ihn zuvor gestellt hatten. Er ist also leicht zu Fall zu bringen.

Leider muss Vivaldi sich selber die Schuld daran zuschreiben, denn er hat sogar für diese Stadt der Spieler zu hoch gereizt. Dass er bereits ein Jahr nach der Priesterweihe aufgehört hat, seiner Pflicht nachzukommen und die Messe zu zelebrieren, angeblich wegen dramatischer Schwächezustände, fanden einige etwas zu dreist. Denn er war keineswegs zu schwach, um als Violinvirtuose aufzutreten, sogar in einem Duell der beiden besten Geiger vor Ort, das er gewann. Und es war allzu offensichtlich, dass er seine bezahlte Freizeit zu nichts anderem als zum Komponieren nutzte und monate-, sogar jahrelange Tourneen als Opernkomponist unternahm. Zuerst übertönte der Applaus für seine Werke noch die Einflüsterungen der Neider. Doch als Vivaldi, den sie seiner roten Haare wegen *prete rosso*, den roten Priester, nennen, dann noch zum Unternehmer wurde und sich als Chef des *Teatro Sant'Angelo* aufspielte, begannen die Intrigen gegen ihn hochzuschießen wie das Schilf in den Sümpfen der Lagune.

Keiner kann den Venezianern vorwerfen, sie seien saure Moralisten oder Prinzipienreiter. Niemand hatte sich damals daran gestoßen, dass Vivaldi seine zwölfjährige Gesangsschülerin Anna Girò im *Ospedale Santa Maria della Pietà* unterbrachte, wo er Musiklehrer war. Eigentlich hatte dieses Mädchen, das mit seinen Eltern von Mantua nach Venedig gezogen war, kein Recht, dort kostenlos zu wohnen und Unterricht zu bekommen, denn die *Pietà* ist wie die anderen drei *Ospedali* eigentlich als Waisenhaus gedacht. Doch die Venezianer waren es gewohnt, dass jenes *Ospedale della Pietà* zweckentfremdet wurde; von Anfang an war es missbraucht worden, um dort ganz anonym Kinder zu entsorgen, die unliebsam waren – wegen ihres weiblichen Geschlechts, der schlimmsten Missbildung für mitgiftpflichtige Väter. Warum also sollte der Maestro Vivaldi nicht ein begabtes Mädchen an der *Pietà* unterbringen, die vor allem als Konservatorium genutzt wird? Die unerwünschten Kinder dort werden, wenn sie musikalische Begabung zeigen, sorgfältig ausgebildet – im Singen und an jedem Orchesterinstrument, vom Kontrabass bis zur Trompete. Nein, dass Vivaldi seine Entdeckung vom Gratisangebot der *Pietà* profitieren lassen wollte, hat ihm keiner verübelt. Zumal jugendlich zarter Neuzugang dort so erwünscht war wie Frischfleisch am Markt unter dem *Rialto*. Denn nicht nur der musikalische Ruf der *Pietà* war groß – Charles de Brosse behauptete, das Orchester sei besser als das der Pariser Oper –, auch der erotische.

In einem waren die Venezianer immer Meister: in der Doppelmoral. Und nirgendwo wurde sie so meisterlich inszeniert wie in jener berühmtesten der vier Mädchenverwahranstalten, direkt an der *Riva degli Schiavoni* gelegen, neben der Kirche *Santa Maria della Pietà*. Unverhohlen lüstern liest es sich, wie männliche Venedigtouristen den Aufstand ihrer

*Ein Haus für Vivaldis Musik: Im Palazzo Malipiero-Trevisan finden auch heute noch regelmäßig Konzerte statt, die Vivaldis Kunst lebendig machen.*

5879

*Dass Anna Girò ihr ganzes Leben mit Vivaldi teilte, versuchte er selbst zu leugnen. Doch der Dichter Goldoni, ebenso begabt wie klatschsüchtig, überlieferte den Beleg dafür, dass Annina immer zur Stelle war in Vivaldis Wohnung, auch in dieser in der Calle del Paradiso, der Pfarrei Santa Maria Formosa, deren Hauseingang dieser Kopf ziert.*

Gefühle angesichts der engelhaft weiß gekleideten jungen Musikerinnen beschreiben. Diese Verbindung von höchster Musikalität und klösterlicher Unschuld war schon erregend, und das Ganze bekam noch einen zusätzlichen Kitzel dadurch, dass kein Vater, keine Mutter über die Mädchen wachte. Es waren also keinerlei Beschwerden, Rechtsklagen oder Regressansprüche zu befürchten. Erleichternd wirkte sich aus, dass die angeblich strengen Zuchtmeisterinnen des *Ospedale* sehr venezianisch dachten und handelten, das heißt: käuflich waren.

Hätte Vivaldi sich im eigenen Stall bedient, es wäre ihm nicht angekreidet worden. Im Gegenteil. Gewohnheitsrechte. Gelästert wurde nur deswegen über ihn, weil er sich den Schülerinnen gegenüber derart diskret verhielt, dass viele behaupteten, er sei wohl ein Eunuch. Anders konnte sich keiner erklären, warum Vivaldi sich angesichts des leckeren Angebots nicht dazu verleiten ließ, irgendetwas zu vernaschen.

Antonios Vater, vom Barbier zum *sonador*, zum Geiger in *San Marco* aufgestiegen, muss diese Sorte Klatsch verärgert haben, denn er hat seinem musikalischen Sohn die Kastration erspart, die ihm eine Sängerkarriere gesichert hätte. Dass Antonio aus Berufsehre die Finger ließ von seinen Schülerinnen, schien venezianischem Denken fremd zu sein. Vivaldi als Venezianer hatte daher wohl ein scharfes Auge auf die Freizeitbeschäftigungen seiner Anna. Und hatte ihre Karriere selbst in die Hand genommen: Blutjung war Anna Girò bereits als Solistin aufgetreten – um dem Klatsch vorzubeugen in einer Hasse-Oper am *Teatro San Moisè*. Kurz darauf verhalf sie einer Vivaldi-Oper bei der Uraufführung zum Durchbruch und hieß nur noch *L'Annina del prete rosso* – das Ännchen des roten Priesters.

Damals schon begannen sich die Verhältnisse umzudrehen. Es war nicht mehr so sehr Anna, die von Vivaldi profitierte, vielmehr hatte er mit dem beliebten Jungstar ein Druckmittel in der Hand. Anna selbst hat das sicher nicht so gesehen. Sie begriff sich mit Antonio als ein gutes Team, in dem einer dem anderen hilft. Doch sie muss nun wie Vivaldi spüren, was Kardinal Ruffo und in seinem Windschatten auch Bentivoglio bezwecken: Es soll ein Keil getrieben werden zwischen den zunehmend verhassten Vivaldi und Anna Girò, den Publikumsliebling, der die Kassen füllt. Ihr Stern ist noch immer im Steigen, der von Antonio sinkt seit Jahren.

Schon bei seiner Rückkehr aus Mantua 1720 hatte Vivaldi in Venedig ein scharfer Wind ins Gesicht geblasen. Marcello, sein Konkurrent, hatte unter Pseudonym eine Satire veröffentlicht mit dem Titel *Il teatro alla moda*; jeder wusste, wer mit dem darin geschilderten bigotten *Prerotesso Aldiviva* gemeint war. Und viele rieben sich die Hände, dass dem geschäftstüchtigen, geltungssüchtigen und raffgierigen Priester endlich ans Bein getreten wurde. Apostolo Zeno, venezianischer Dichter, vermeldete freudig seinem Bruder, Marcellos dreistes Stück sei endlich einmal ein Versuch, »den Übeltaten der Impresarii wie des Abbate Vivaldi, die sich nur für ihren eigenen Vorteil interessieren und bemühen, Einhalt zu gebieten«.

Das ist fünfzehn Jahre her. Und Vivaldi treibt es wie zuvor. Kein Wunder, dass Kardinal Ruffo nun zu härteren Methoden greift. Er hofft wohl, dass nun Anna endlich umkippen und Vivaldi als Hindernis ansehen wird, das ihren Karriereweg versperrt. Ohne diesen fast Sechzigjährigen ist sie überall wilkommen, das hat Bentivoglio schon im Vorjahr deutlich gemacht. Also warum sollte sie sich nicht von dieser Last befreien? Zumal das Leben an der Seite eines Geistlichen nicht so lustig ist, wie es für sie andernfalls sein könnte. Denn auch wenn Vivaldi sich ansonsten wenig schert um seinen geistlichen Stand, muss er darauf verzichten, mit Anna auf Bällen zu tanzen oder in Spielcasinos aufzukreuzen.

Kardinal Ruffo hat gute Chancen, dass seine Rechnung aufgeht und die junge Sängerin den alten Mann fallen lässt.

Doch der ist so kämpferisch, wie es sein scharfes Profil vermuten lässt. Er verteidigt sich mit Zähnen und Klauen. Entrüstet dementiert er, dass ihn mehr als eine berufsbedingte Freundschaft mit Anna verbinde, und er erklärt, er sei nur deswegen seit Jahren mit den Schwestern Girò unterwegs, weil er zu gebrechlich sei, ohne ihre Hilfe auszukommen – er leidet an einem Bronchialasthma. Außerdem, betont er, hätten er und Anna getrennte Wohnungen. Auf dem Papier ist das durchaus richtig: Sie ist samt Mutter und Schwester am *Corte dell'Albero* in der Pfarrei *Sant'Angelo* gemeldet, er an der *Riva del Carbon*, in der *Calle di Sant'Antonio*. Doch es ist albern von Vivaldi, zu bestreiten, dass er mit Anna zusammenwohnt, ob sie da nun auch die Nächte verbringt oder nicht. Denn dafür gibt es zu viele Augenzeugen, und zwar gefährliche. Nicht nur Carlo Goldoni, der als Komödiendichter wie als Privatmann Experte für Intrigen ist, sondern auch den offiziellen Berichterstatter der Inquisition, Giovanni Gilli.

Vivaldi aber treibt die Verzweiflung an. Er hat den Verlust von Geld, Arbeit und Ansehen vor Augen. Wutschnaubend berichtet er Bentivoglio, was der natürlich längst weiß. »Nach so vielen Umständen und Anstrengungen ist jetzt die Oper in Ferrara zu Fall gebracht. Heute ließ mich unser apostolischer Nuntius rufen und hat mir im Namen Seiner Eminenz verboten, nach Ferrara zu kommen und dort die Oper aufzuführen, und das, weil ich ein Geistlicher bin, der nicht die Messe liest, und weil ich in Freundschaft mit der Sängerin Girò lebe. Nach diesem Schlag können sich Eure Exzellenz meinen Zustand vorstellen.« Doch Vivaldi macht unumwunden klar, dass er nicht daran denkt, auf seinen Kosten sitzen zu bleiben. »Ich habe auf meinen Schultern die Last von sechstausend Dukaten für unterzeichnete Verträge für diese Oper, und schon jetzt habe ich mehr als hundert Zechinen ausbezahlt.«

Vivaldi ist ein ausgebuffter Geschäftsmann, den so leicht keiner über den Tisch zieht. Ob Anna ihn in dieser Affäre berät? Sie gilt als liebenswürdig und offenherzig. Was ihr Antonio nun unternimmt, ist das Gegenteil davon. Nicht nur, dass er Verträge fälschen lässt, um an sein Geld zu kommen, er setzt auch im Rücken seines Geschäftspartners Bentivoglio einen anderen Kontaktmann auf den Kardinal an, in der Hoffnung, ihn umzustimmen – ohne Erfolg.

Dass Kardinal Ruffo kurz darauf von seinem Amt zurücktritt, beschert Anna und Antonio vielleicht eine gewisse Befriedigung, doch es hilft ihnen nichts; Ruffos Nachfolger erneuert nämlich umgehend dessen Erlasse und verbietet es allen Geistlichen bei Strafe, an irgendwelchen öffentlichen Vergnügungen teilzunehmen. Dazu gehören auch die Opernaufführungen in der monatelangen Karnevalssaison, der Festspielzeit in Italiens Städten, die Vivaldis wichtigste Einnahmequelle sind.

Was macht nun Anna Girò? Entscheidet sie sich endlich für ihre Karriere und für eine gute Partie mit einem reichen Mann?

Anna Girò wird heiraten, und zwar nach oben: Sie, die Tochter eines Perückenmachers, wird die Frau des Grafen Antonio Maria Zanardi Landi, eines Witwers aus Piacenza. Kurz nach ihrem letzten großen Auftritt, mit dem sie sich von der Bühne verabschiedet, gibt sie dem vermögenden Conte ihr Jawort. Zuvor verschafft ihr die Liaison mit Vivaldi noch einmal gehörig Ärger und Arbeit, denn sie muss in einem langen Brief an den Papst persönlich erklären, warum sie »außerstande ist, ihren ledigen Stand für die Zeit ihrer

**LINKS** | *Die Riva degli Schiavoni, jene unumgehbare Flanierstrecke direkt am Wasser, wird von vielen Brücken unterbrochen. Den Ponte della Pietà sind Vivaldi wie Anna Girò tausende Male hinauf- und hinabgestiegen. So glanzvoll Vivaldis Aufstieg war und auch der von Anna Girò, so schmerzlich war sein Abstieg, den sie mit ihm durchlitt.*

**SEITE 177** | *Eine Schutzmantelmadonna schwebt über der Calle del Paradiso, in der Vivaldi 1722 bis 1729 wohnte. Doch Anna und er waren schutzlos der Häme, dem Spott und den Intrigen ausgeliefert, denn keiner gönnte dem allzu ehrgeizigen Vivaldi die adrette junge Sängerin, den Publikumsliebling der venezianischen Opernfreunde.*

**FOLGENDE DOPPELSEITE** | *Die Kirche Santa Maria della Salute verdankt ihre Entstehung einem Pest-Gelübde: Doge und Senat hatten sie 1630 der heiligen Jungfrau versprochen. Seitdem wird jeden November bei der Festa della Santa Maria della Salute der damaligen Errettung aus der Not gedacht. Wie dieser Geistliche, so hat vor 300 Jahren vielleicht auch schon der »rote Priester« Vivaldi der alljährlichen Prozession vom Markusplatz zur Santa-Maria-Kirche beigewohnt.*

Reisen nachzuweisen« und wendet sich »bittfällig an Eure Heiligkeit, dem Hochwürdigen Patriarchen von Venedig die notwendigen Befugnisse zu erteilen«. Anna muss also einen feierlichen Schwur leisten, niemals verheiratet gewesen zu sein, um endlich an den Mann zu kommen.

Doch mit all dem tut sie Vivaldi nicht weh. Der ist zu diesem Zeitpunkt seit sechs Jahren tot. 1742 ist er in Wien gestorben, wo er noch einmal einen neuen späten Karrierestart erhofft hatte, und auf dem *Spitaller gotts acker* vor der Karlskirche begraben worden. Bis zuletzt war Anna an seiner Seite. Und musste, zurück in Venedig, erfahren, welche Gerüchte über Antonio verbreitet wurden: Er sei, hieß es, wegen seiner ungeheuren Verschwendungssucht völlig verarmt verendet.

Sie muss auch erleben, wie schnell der Ruhm ihres Antonio verblasst, seine Werke vergessen werden und es lange bleiben. Doch während er eine triumphale Renaissance erleben soll, wird sich für die Primadonna Anna Girò niemand mehr interessieren. Keiner weiß, wann und wo sie gestorben ist. Und keiner weiß genau, wie sie ausgesehen hat, denn obwohl sie ebenso berühmt war wie der Kastrat Farinelli oder ihre fast gleichaltrige venezianische Kollegin Faustina Bordoni, die oft und brillant porträtiert wurde, existiert kein einziges Bild von ihr.

Anna Girò steht bis heute im Schatten von Antonio. Und im Schatten ist es dunkel.

* Wo Anna Girò geboren wurde, ist erst seit 1988 belegt, als ihr Heiratsdokument mit dem Conte Zanardi Landi gefunden wurde und ihr Schreiben an den Papst, in dem sie selbst sich als »Anna Maddalena Tessieri aus der Stadt Mantua« bezeichnet. Bei ihrem ersten Auftritt auf einer venezianischen Bühne als Clistene in Albinonis *Laodice* am *Teatro San Moisè* im Herbst 1724 wird sie als *Mantovana* bezeichnet. Francesco Saverio Quadrio aber nennt sie *Veneziana*, und auch Goldoni sagt, sie sei die Tochter eines venezianischen Perückenmachers französischer Abstammung. Das ist wohl darauf zurückzuführen, dass ihre Eltern nach Venedig übersiedelt waren. Wann sie umgezogen sind, konnte bisher nicht nachgewiesen werden.
Was das Datum von Annas Geburt angeht, herrscht nach wie vor Unklarheit. Wer ihren eigenen Angaben Glauben schenkt, datiert ihre Geburt auf das Jahr 1710, denn in ihrem Heiratsdokument vom 20. Juli 1748 macht sie die Altersangabe »etwa 38 Jahre«. Und in ihrem Brief an den Papst erklärt sie, sie habe mit zwölf Jahren ihre Heimatstadt verlassen, um nach Venedig zu gehen, das wäre dann 1722 gewesen. Doch einige gesicherte Daten aus Annas Leben widersprechen dieser These und machen ein Geburtsjahr 1702 plausibel. Angesichts frühreifer Talente in dieser Zeit wäre es zwar möglich, wenn auch unwahrscheinlich, dass sie erst vierzehn war, als sie in *Laodice* brillierte. Doch nachweisbar hatte sie 1714 bereits eine kleinere Solopartie bei einem Oratorium, das die *Pietà* aufführte – mit vier Jahren wohl doch kaum möglich, mit 12 aber durchaus. Dann stimmt es auch, dass sie als Zwölfjährige nach Venedig kam. Nur die eigene Altersangabe bei der Verheiratung muss dann als falsch angesehen werden. Doch warum sollte eine sechsundvierzigjährige, für damalige Verhältnisse sehr alte, aber gut aussehende Braut nicht acht Jahre wegmogeln?
Geht man davon aus, sie sei um 1702 geboren und um 1714 nach Venedig an die *Pietà* gekommen, hat Vivaldi seine Anna nicht, wie bisher vermutet, bei seinem zweijährigen Gastspiel in Mantua zwischen 1718 und 1720 zum ersten Mal gesehen, sondern ist mit seinem Jungstar angereist.

# Barbara Strozzi

# Gerüchte um die Moral am Campiello di Santa Sofia

Probleme einer selbstbestimmten Musikerin
und eines fremdbestimmten Malers: Bernardo Strozzi muss
Barbara Strozzi so porträtieren, dass sie weder
Komponistin noch Kurtisane und doch beides zugleich ist.

*Der Instrumentenbau, vor allem der von Geigen, Violen, Violoncelli und Gamben, gehörte neben dem Buch- und Notendruck zu den Handwerkskünsten, für die Venedig berühmt war. Heute findet sich in der Stadt kein einziger Geigenbauer mehr, nur ein Händler für kostbare antike Instrumente.*

Eine gut aussehende Frau von Anfang zwanzig zu porträtieren, halten die meisten für eine ungefährliche Angelegenheit. Bernardo Strozzi weiß es besser. Er kann mit diesem einen Bild seinen Ruf verlieren und setzt seine mühsam aufgebaute Position in Venedig aufs Spiel. Ein hoher Einsatz für einen, der Asylant ist und mittlerweile um die sechzig. Doch ablehnen kann er den Auftrag auf keinen Fall, denn erteilt hat ihn sein Gönner und Beschützer, der Prokurator Nicolò Sagredo. In seinem Haus, dem *Palazzo Sagredo,* direkt am *Canal Grande* gelegen, lebt Bernardo schon seit zehn Jahren. Und nur weil der fromme Sagredo seine Hand über den Maler hält, verzichtet die Kirche darauf, ihn so abzustrafen, wie es üblich ist bei einem Kapuzinermönch, der, um die kranke Mutter zu unterhalten, suspendiert wurde und nach deren Tod die Rückkehr hinter Klostermauern verweigert hat. Vor allem Sagredo hat Bernardo es zu verdanken, dass er Heiligenbilder und Dogenbildnisse malen darf, dass er für die Unterkunft nichts zahlen muss und ruhig schlafen kann.

Bernardo hat gelernt, wie klein die Welt der meisten Venezianer ist, nicht einmal so groß wie das *sestiere,* in dem sie wohnen. Ihr Leben endet oft an demselben Platz, an dem es begonnen hat, und in der Taufkirche erklingt auch meist das Requiem.

Giulio Strozzi lebt ebenfalls hier, am *Campiello di Santa Sofia.* Das Mädchen, das er adoptiert hat, ist als Barbara Valle ins Taufregister von *Santa Sofia* eingetragen worden. Nun wünscht Bernardos Gönner, dass er diese Barbara porträtieren soll, weil er für sie schwärmt. Selbstverständlich nur für ihre Kunst, ihr Talent, ihren Esprit, denn der Prokurator gilt als sittenstrenger Mann. Barbara Strozzi ist trotz ihrer Jugend schon berühmt als Sängerin, die sich vollendet begleitet auf der Theorbe, der Basslaute, oder der Gambe. *Virtuosissima cantatrice* hat sie ein Dichter genannt, »höchst virtuose Sängerin«. Ebenso virtuos moderiert sie im Haus ihres Adoptivvaters Giulio Strozzi, Librettist, Theaterdichter und Lyriker, Abende, an denen sich die Kulturszene Venedigs – natürlich nur die männliche – im Salon dort drängt und wo jeder sich beweisen will als derjenige, der am geschliffensten argumentiert. Oft ist es jene Barbara, die mit Bernardo, wenn überhaupt, nur ganz weitläufig verwandt ist, die den schärfsten Geist aufblitzen lässt. Ihr Adoptivvater, der, wie jeder weiß, auch ihr leiblicher ist, hat sie von Kind auf mit allen Mitteln gefördert. Und Barbara hat die Mittel genutzt. Sie komponiert und ist dabei, ihren ersten Band mit eigenen Vokalwerken herauszubringen. Doch es wird eben geklatscht, sie sei auch Virtuosin in einem anderen Metier, obwohl sie dafür sicher kein Geld nimmt, das hat sie nicht nötig. Gut, es kann Bernardo beruhigen, dass Barbara zumindest in keiner der offiziellen Listen auftaucht, in der die Kurtisanen verbucht sind. Und er selber, der das Mädchen aus dem Nachbarhaus kennt, seit es elf Jahre alt ist, weiß auch, dass die junge Strozzi nicht mehr oder weniger frei lebt als viele andere Venezianerinnen auch, die gescheit, gebildet, hochbegabt und selbstbewusst sind, Lust aufs Leben haben, aber keine aufs Kloster – was Bernardo

LINKS | *Die Kirche Santa Sofia, in der Barbara getauft wurde, ist unschön eingebaut in moderne Läden. Doch Details wie diese Mönchsfigur bannen den Blick.*

RECHTE SEITE | *Bernardo Strozzi, Barbaras Porträtist, lebte hier, im Haus des mächtigen Prokurators Nicolò Sagredo. Ohne einen Protegé taten sich viele Künstler schwer, weibliche wie Barbara erst recht, deren elterliche Wohnung an denselben Platz wie der Palazzo Sagredo grenzte und berüchtigt war für einen sehr freigeistigen Salon.*

nur allzu gut nachvollziehen kann. Er weiß, dass es nebenan bei diesen Abendveranstaltungen von Giulio ehrenwert zugeht. Aber dass sie an diesen Abenden die einzige Frau in einem Herrenclub ist, liefert bereits genügend Anlass für obszöne Mutmaßungen.

Bernardo Strozzi ist auch klar, dass jede Frau, die unverheiratet ein paar Liebhaber hat, als *cortigiana* gilt, auch wenn sie die Liebhaber nicht gleichzeitig beglückt, sondern wie Ehemänner auf Zeit. Möglicherweise fördert es die Gerüchte, dass Isabella Garzoni, Barbaras Mutter, die ihrem Giulio lange Zeit als Hausangestellte gedient hat, den Beinamen *Greghetta* trägt, was auf Venezianisch wörtlich übersetzt ganz harmlos »kleine Griechin« heißt. Doch jeder kennt die Sitte der hauptberuflichen Kurtisanen, sich neben dem Vornamen einen Künstlernamen zuzulegen, der auf ihre Herkunft verweist, dass sie sich Cecilia Pisana oder Livia Romana oder eben Isabella Greghetta nennen. Klingt gut und gibt Interessenten einen diskreten Wink. Nur in diesem Fall ist das hinderlich, für Barbara und ihren Ruf. Dass ihr Adoptivvater Giulio ebenfalls adoptiertes Kind eines gewissen Roberto Strozzi ist, der mit einigen berüchtigten Kurtisanen Verhältnisse hatte, wird ebenfalls bekannt sein und den Gerüchten um Barbara Nahrung geben.

In Venedig wird nun einmal die von einem Mann, der amüsanterweise wie Barbaras Mutter Garzoni hieß, verbreitete Meinung noch gerne hochgehalten – hochgehalten wie eine Maske, hinter der sich etwas ganz anderes verbirgt. Dieser Garzoni hatte in seinem Buch »Schauplatz aller Berufe dieser Welt« im Kapitel über das horizontale Gewerbe gezetert: »Leider wird die Jugend allzu häufig durch eine Musik erfreut, die das Herz empfänglich macht für jene Form von Sinnlichkeit, die das gute Benehmen und den Anstand verdirbt, die die Ehrbarkeit raubt, die Seele mit heißer Leidenschaft erfüllt und den Geist zu fleischlichen Genüssen verführt. Da wird die Laute gespielt zu Liebesgesängen.«

Was die Tatsachen angeht, hat dieser Tommaso Garzoni Recht: Wenn Frauen musizieren, dann entweder hinter Klostermauern oder in den anrüchigen Badestuben, den Bordellen und den von Kupplern verwalteten Liebesnestern.

Venedig ist da eine Ausnahme, wie es in fast allem eine Ausnahme ist. Hier haben sich die Frauen früher ihre Freiheiten genommen, gerade solche aus gebildeten Kreisen. Das wusste der Venezianer Garzoni natürlich, aber er wusste auch, dass in Venedig die Doppelmoral viel beliebter ist als die einfache. Die Stadt des längsten *Carnevale* weiß, was sie ihrem Ruf schuldet. Sie ist maskiert und gibt ihr Gesicht nicht zu erkennen. Nichts anderes will sie als Erotik, Spiel, Belustigung, Liebe und Lüge, und genau das verdammt sie.

Um das Thema Liebe und Erotik kreisen auch die abendlichen Diskussionen bei den Strozzis, freilich in bester humanistischer Tradition und auf einem intellektuellen Niveau, das manchem die sexuelle Begierde vertreiben könnte. Dass Giulio seine häuslichen Gesellschaften offiziell zur *Accademia degli Unisoni* erhoben hat, also zu einer akademischen Institution, ist nun schon über sechs Jahre her. Wahrschein-

*Vom Palazzo Sagredo aus blickt man über den Canal Grande hinweg auf die schöne Pescaria, die Markthalle für fangfrischen Fisch.*

lich hat er das Barbara zuliebe getan, um ihr ein Forum zu geben, eine hauseigene Bühne, ein festes Publikum. Denn genau so lange, seit sie fünfzehn ist, tritt Barbara vor den Gästen auf. Die Bemühungen Strozzis allerdings, das Ganze so vor unsachlicher Kritik zu schützen, helfen wenig. Schon 1638 ist eine Satire auf seine *Accademia* erschienen, benannt *Le Veglie de' Unisoni*, in der behauptet wird, dass Barbara Liebe und Kunst einander nah bringt, hautnah. Hämisch zieht der Verfasser darüber her, dass ausgerechnet Signora Barbara den Frühling dargestellt habe, als sie Blumen, die als Liebesblumen gelten, verteilte an die Runde, um festzustellen, welche die stärkste animierende Wirkung hätten. »Es ist eine schöne Sache, Blumen zu verteilen, wenn man die Früchte schon vergeben hat.« Und sicherheitshalber legte er nach: »Keuschheit zu bekennen und keusch zu sein, sind zwei ganz verschiedene Dinge.«

Wie also soll Bernardo Strozzi diese Frau malen? Malt er sie als hehre Komponistin und Musikerin, hochgeschlossen, die Feder auf dem Notenpapier, den Blick, eine Eingebung erflehend, gen Himmel gerichtet, dann gibt es allgemeines Gelächter, mehr noch: Proteste. Er, der den großen Monteverdi porträtiert hat, kann doch nicht dieses gerüchteumwitterte Wesen mit derselben Ernsthaftigkeit darstellen. Damit zöge er in den Augen der meisten Venezianer den angebeteten *maestro di capella* von *San Marco* nach unten.

Aber sie unverhohlen als Kurtisane wiedergeben? Mit allen Kennzeichen dieses Berufsstandes, die bei Barbara gar nicht zu finden sind? Weder Affen noch Schoßhunde oder Papageien interessieren sie, und Frisuren, an denen stundenlang gebastelt werden muss, schon gar nicht. Ein Kurtisanenporträt nähme ihm Sagredo nicht ab, das nähme er ihm übel.

Bernardo Strozzi ist sich bewusst, dass die Angriffe unterhalb der Gürtellinie gegen Giulios Tochter damit zu tun haben, dass Venedig weniger glänzt als Barbara. Die Stadt hat an Bedeutung verloren und an Macht. Und das hat die Angst verstärkt, mangelnde Sittenstrenge könnte den bereits morschen Stamm vollends aushöhlen. Täglich sind mehr Spione und Spitzel unterwegs, das Denunziantentum ist aufgeblüht, der Verrat beliebt und die Intrige alltäglich. Die geltende Moral ist die Doppelmoral. Wäre Barbara Strozzi ein Mann, keiner verlöre ein Wort über ihren privaten Lebenswandel: Bei einem musikalischen Genie, das als Kind schon die heikelsten Koloraturen singen konnte, neun Instrumente beherrscht und bei Francesco Cavalli komponieren gelernt hat, dem hochdotierten Organisten von *San Marco* und Schüler des großen Monteverdi, würden die Venezianer beide Augen zudrücken.

Da steht nun also Barbara vor ihm. Bernardo weiß, dass sie eine scharfe Zunge hat und jenen doppelbödigen Witz, mit dem sie manche Männer zum Verstummen bringt. Ihr Haar ist nicht blond oder dunkelblond wie das der Kurtisanen, die es über breite Krempen ausbreiten und, stundenlang auf Altanen sitzend, von der Sonne aufhellen lassen, um es dann noch zu bleichen mit allen möglichen Substanzen. Ihr Gesichtsausdruck ist auch weder lockend

noch lieblich, sondern selbstbewusst. Sinnlich, aber überlegen. Wie soll Bernardo sie nur malen?

So, dass sein Auftraggeber Sagredo, der bekanntlich gute Aussichten hat, Doge zu werden, es bei sich zeigen kann. Aber auch so, dass es einwandfrei Barbara Strozzi zeigt, die Hochbegabte, die Zwielichtige.

Es sieht so aus, als befände sich Bernardo in einer ausweglosen Lage. Als hätte er nur die Wahl, sich lächerlich zu machen oder einen Skandal hervorzurufen.

Ob Bernardo darüber nachdenkt, wie Barbara selbst Gedichte vertont, Gedichte von ihrem Vater oder einem anderen Lyriker? Wie sie es schafft, Gegensätze aufzubauen? Wie sie über einen kunstvoll gesetzten Generalbass, ganz die Stimme der Vernunft, eine Gesangstimme legt, die jedem das Herz aufreißt? Wie sie einerseits die Form wahrt, aber den Schmerz fühlbar macht in gewagten Dissonanzen? Wie sie in komplizierten Melismen Kunstfertigkeit beweist und zugleich die Erregung explodieren lässt? Wie sie gewissenhaft den Text eines *lamento* vertont, aber auch die Klage eines Liebhabers entlarvt als selbstmitleidiges Gejammer, indem sie die Musik über ihn spotten lässt?

Nichts an Barbara und dem, was sie schafft, ist eindimensional. Alles ist widersprüchlich, doppelsinnig. Eben das verwirrt und verschreckt viele Männer.

Bernardo Strozzi beginnt sie zu malen. Die Blüte im Haar, die ironisch an die bösen Bemerkungen über Barbara als lebenden Frühling erinnern. Diesen hintergründigen Blick, klar und kritisch, aber melancholisch. Diesen Mund, lasziv und süffisant zugleich. Nun das weit geöffnete Kleid, das ihre schweren, weißen Brüste zeigt, die linke Brust völlig entblößt. Und nun malt er die Gambe, die sie samt Bogen mit der rechten Hand festhält, pinselt Notenblätter und eine Violine auf die andere Seite, und fertig ist ein doppelsinniges Bild – zu lesen als *Allegorie der Musik*. Schließlich ist die *Allegorie der Bildhauerei*, die Bernardo vor ein paar Jahren für die *Biblioteca Marciana* gemalt hat, vielen bekannt. Und solche Sinnbilder dürfen, müssen eigentlich nackt sein, wie die *nuda veritas*, die nackte Wahrheit, damit klar ist, dass nicht sie der Inhalt sind, sondern nur auf ihn verweisen.

Bernardo hat damit von Barbara ein Bild geschaffen, das dasselbe leistet wie sie: An der Zensur vorbei sagt es, was es sagen will. Wie Barbara ihre Leiden und Leidenschaften in der Musik so ausdrückt, dass es den Regeln gehorcht und sie dennoch sprengt, so hat er hier scheinheilig die Darstellung einer beunruhigenden Frau, die alles will, alles kann und sich alles nimmt, in einer Allegorie verborgen.

Wie gut Bernardo Strozzi sein Vorhaben geglückt ist, beweist das Schicksal dieses Bildes, das den späteren Generationen nur noch als Gleichnis bekannt sein wird. Wen es zeigt, wird so rasch vergessen sein wie diese Frau selbst, deren glänzende Karriere erst begann in jenen Jahren, als ihr Porträt entstand. Eine Karriere, die noch heute ungewöhnlich wäre.

1644 bekommt Barbara Strozzi eine Tochter, das erste ihrer vier unehelichen Kinder und das einzige, dessen Vater bekannt ist. Und in demselben Jahr erscheint »das erste

*So einsam wie dieser frühmorgendliche Spaziergänger auf der Piazza di San Marco ist man nur selten in Venedig. Einsam aber war Barbara Strozzi in ihrem Kampf, als brillante Komponistin von den Meistern in San Marco auch öffentlich anerkannt zu werden.*

Werk, das ich, da ich eine Frau bin, wohl allzu kühn herausbringe«, wie sie im Vorwort mit venezianischer, also vorgetäuschter Bescheidenheit bemerkt. Denn die wird von ihr erwartet.

Acht Bände mit Vokalmusik, Arien, Kantaten und Madrigalen wird die alleinerziehende Mutter veröffentlichen, bis auf eine Ausnahme weltliche Stücke, in denen es um das geht, was Barbara bewegt. Ums Verlieben und Verlassenwerden, um Verzweiflungen und Hoffnungen. Es sieht so aus, als stehe ihrem Ruhm nichts mehr im Weg. Ihr Lehrer Cavalli ist 1643 Nachfolger Monteverdis geworden, und Monteverdi hat im Jahr vor seinem Tod mit der Uraufführung von *L'Incoronazione di Poppea* einer Kunst den Weg geöffnet, die ganz Barbaras künstlerischen Absichten entspricht: In diesem Spätwerk geht es endlich nicht mehr um unglaubwürdige Götter und Heroen, sondern um Menschen mit all ihren Schwächen. Es geht um Poppea, die Mätresse Neros, die den Kaiser mit ihren Reizen dazu bringt, alle zu ermorden und zu verbannen, die ihren Aufstieg behindern, und die zuletzt gekrönt wird. Musik muss Gefühle ausdrücken, um Gefühle zu erwecken – das ist Monteverdis Vermächtnis, das könnte Barbaras große Zukunft sein. Noch immer wohnt sie am *Campiello di Santa Sofia*, aber ihre Welt ist weit geworden, sie verkehrt mit Diplomaten und Potentaten, mit Fürsten und Fürstinnen, vor allem ausländischen, die Barbaras Genie rückhaltlos bewundern. Vielleicht ist dieser Umgang ein Fehler in Venedig, dieser eifersüchtigen Stadt, die es selber mit allen treibt.

Denn auf einmal bricht die Karriere der Barbara Strozzi ab, als sei ein Fallbeil über ihr niedergegangen. Die Komponistin ist 45. Bernardo Strozzi, ihr Porträtist, ist schon seit zwanzig Jahren tot, auch Giulio, ihr Vater, lebt schon lange nicht mehr. Da taucht 1664 ihr Name in Zusammenhang mit einem Spionageprozess auf. Barbara wird beschuldigt, einem französischen Agenten namens Francois Gribot zur Flucht verholfen zu haben. Die Dokumente verraten uns noch, dass Barbara ihre Unschuld beteuert hat und dass die Justiz von ihr abließ. Aber sie verschwindet exakt von diesem Zeitpunkt an völlig aus dem öffentlichen Leben der Stadt, als wäre sie ausgelöscht.

Ist sie doch das Opfer der Inquisition geworden? Haben die, die sie schon immer verleumdet haben, nun endlich eine Handhabe gegen sie? Wird die schöne, allzu begabte Venezianerin nun zur Verräterin gestempelt? Hatte Nicolò Sagredo, der mächtige Nachbar, nicht den Mut, sich stark zu machen für sie – oder vielleicht Angst, damit seine Chancen auf das Amt des Dogen zu verlieren, das er 1675 endlich bekommen wird, ein Jahr vor seinem Tod?

Musste sie, geboren aus der Musik dieser Stadt, Venedig verlassen?

Der Tod von Barbara Strozzi am 11. November 1677 wird nicht in Venedig, sondern in Padua, beim Gesundheitsamt, registriert.

Ihr Requiem wird jedenfalls nicht in ihrer Taufkirche *Santa Sofia* gesungen.

*Die »venezianische Schule«, begründet von dem Niederländer Adrian Willaert, war im ganzen Abendland berühmt. Und die* Capella di San Marco *mit Maestri wie Monteverdi oder Cavalli machten den Markusdom zum Wallfahrtsziel für Musiker. Frauen aber hatten keinen Zugang, auch nicht das venezianische Wunderkind Barbara Strozzi.*

*Die Ikonostasis in San Marco, zwischen 1394 und 1404 von den Brüdern Jacobello und Pierpaolo dalle Masegne geschaffen, ersetzt eine ältere Chorschranke. Sie trägt die Gestalten von Jesus und seinen Jüngern und trennt den Altarraum ab.*

FOLGENDE DOPPELSEITE | *Der musikalische Aufwand im Markusdom mit seinen zwei Orgelemporen, wo zwei verschiedene Chöre gleichzeitig auftraten und sich in Rede und Gegenrede gegenüberstanden, war immens, und die Tradition war grandios, aber sie kannte keine Ausnahmen. Die Regeln, was ein* sonador di San Marco *zu leisten hatte, waren ebenso streng wie die für den* maestro. *Eine Frau aufzunehmen war absolut undenkbar. Doch immerhin wurde Barbara Strozzi von Cavalli, dem Organisten von San Marco, persönlich in Komposition unterrichtet. Als Schüler Monteverdis genoss er großes Ansehen.*

Maria Taglioni

# Die Sammlerin und der gefährliche Russ im Palazzo Businello

Die Erfinderin des Spitzentanzes wird verschmäht und dadurch das »Haus aus Gold« gerettet – sehr zur Freude des britischen Schriftstellers und Malers John Ruskin, der sich mehr um Venedigs Palazzi sorgt als um die Liebe seiner Frau.

**LINKS** | *Keine Schönheit, aber eine Meisterin der Selbstdarstellung: Die Ballerina* Maria Taglioni, *hier in einer Lithografie von Pierre Vigneron, besaß auch in fortgeschrittenem Alter noch eine beachtliche Anziehungskraft.*

LINKE SEITE | *Die* Ca' d'Oro *ist wohl der berühmteste Palast am Canal Grande. Seinen Namen (»Haus aus Gold«) hat er davon, dass der Bauherr Marino Contarini, Prokurator von San Marco, im frühen 15. Jahrhundert Teile der Kanalfront mit echtem Gold hervorheben ließ.*

VORHERIGE DOPPELSEITE | *Das* Teatro La Fenice *heißt nach dem Phönix, denn wie er entstand es immer wieder neu aus der Asche. Seine Geschichte begann mit einem Brand, der 1773 das damalige Opernhaus* San Benedetto *zerstörte. Viele Male, zuletzt 1996, vernichteten Flammen den Bau, weshalb von dessen ursprünglicher Gestalt keine Spur mehr zu sehen ist.*

Nur Irre fahren jetzt noch nach Venedig, denn die Serenissima liegt verwahrlost, krank und ausgehungert am Boden. Es ist der Stadt anzusehen, was sie hinter sich hat. Einen verheerenden Bürgerkrieg und den erfolglosen Versuch, sich gegen das technisch weit überlegene Heer der Österreicher zu wehren. Radetzkys Leute hatten gegenüber von *San Marco* eine schwere Batterie aufgebaut und gedroht, Venedig bei der ersten Aufmüpfigkeit ins Meer zu versenken. Die Venezianer kämpfen gegen eine Cholera-Epidemie an, der schon Hunderte erlegen sind, und haben kaum etwas zu beißen. Die Adligen haben ihre Paläste verlassen und sich auf die *terraferma* zurückgezogen; keiner von ihnen denkt daran, Radetzkys Aufforderung zu folgen und zurückzukehren, um den Handel in Schwung zu bringen. Lieber verhökern sie ihre Palazzi zu Schleuderpreisen, um auf dem Festland überleben zu können.

Wer jetzt freiwillig nach Venedig fährt, muss irre sein. Oder von einem Irren dazu genötigt werden, wie diese zweiundzwanzigjährige Schottin mit dem Engelsgesicht von ihrem wunderlichen englischen Mann, einem käsigen Kauz mit Backenbart. Er, der Sohn eines reichen Weinhändlers, ist schon weit gereist; sie, eines von vierzehn Kindern, hat noch fast nichts von dieser Welt gesehen.

Warum der Mann ausgerechnet jetzt nach Venedig will? Weil er, und das versteht seine junge Frau, sich als Kulturbesessener verpflichtet fühlt, ein letztes Porträt der moribunden Schönheit zu zeichnen. Vielleicht sogar, um ihr die Totenmaske abzunehmen.

Im November 1849 treffen Effie und John Ruskin in Venedig ein. »Wie ein Stück Zucker im Tee, so schnell schmilzt Venedig dahin«, vermeldet John alarmiert. »Was mit Venedig derzeit geschieht«, entsetzt er sich, »grenzt an Vernichtung«. Es sei kein Vergnügen, hier zu sein, jammert er. Kein Wunder bei dem, was er sich vorgenommen hat. John Ruskin katalogisiert, vermisst, zeichnet, beschreibt, aquarelliert und fotografiert jeden Palast, jedes halbwegs bedeutende Haus, jeden schönen Brunnen, jedes Spitzbogenfenster, jeden kunstreichen Türstock, jede erwähnenswerte Treppe, jeden gotischen Balkon, jedes byzantinische Gesims, jede sorgfältig gearbeitete Hohlkehle. Effie kann damit leben, dass ihr Mann hier als Sonderling gilt, eher als Geisteskranker denn als Weiser. Im schönsten Herbstlicht steckt sein Kopf unter einem großen schwarzen Tuch, weil er Daguerreotypien anfertigt. Bei Regen wie bei Eiseskälte liegt er in einer Gondel, um eine Fassade abzuzeichnen, waghalsig turnt er auf bröckelnden Balkonen und baufälligen Altanen herum, um ein bestimmtes Kapitell besser erfassen zu können, völlig verdreckt geistert er durch die Gassen, ohne selber zu bemerken, wie er ausschaut. Er fühlt sich als Kronzeuge der venezianischen Apokalypse, und so etwas strengt an.

Seine Frau sieht das entspannter, denn sie sieht sich um. »Die Stadt ist immer noch im Belagerungszustand«, berichtet Effie am 27. Oktober einer Freundin zu Hause, »und 20 000 Österreicher stehen hier.« Sie kann es nachempfinden, dass die Venezianer sich gedemütigt und erniedrigt fühlen. Allein die Tatsache, dass fast alle Zimmer im *Danieli*, wo sie

*Der Blick vom zweiten Stock der Ca' d'Oro bietet keine aufregenden Ansichten. Doch gerahmt von der für Venedig untypisch üppigen Flam-boyant-Gotik des Maßwerks, wird er zu einem einzigartig stimmungsvollen Gemälde. Kein Wunder, dass die prominente Tänzerin diesen Blick täglich genießen wollte.*

wohnen, von österreichischen Offizieren belegt sind, die nicht daran denken, dafür nur eine Lira zu zahlen, bringt sie auf. Und noch mehr empört sie das Argument der Militärs, solange sich ein Land im Belagerungszustand befinde, sei das völlig in Ordnung. »Ich bin hier ganz und gar auf der Seite Italiens und hasse die Unterdrückung, deswegen wünsche ich mir sie weit weg.« Zu Effies vollem Verständnis »kochen sie vor Ärger, dass sie in einem solchen Zustand der Unterwerfung gehalten werden, und hassen ihre Feinde aus der Tiefe ihres Herzens. Sie erholen sich dort langsam von dem doppelten Unglück von Hungersnot und Cholera, und die einfachen, lebensnotwendigen Dinge wie Senf etc. bekommt man nicht, aber sie tun alles, um den Kaiser gnädig zu stimmen, und haben ihn um ein Pardon ersucht. Können Sie sich Venedig in diesem Zustand vorstellen? John ist über diese Nachricht eigentlich ganz froh, denn er denkt, dass die Herrschaft der Österreicher verhindern wird, dass noch mehr Paläste abgerissen werden.« Beide müssen sie mitansehen, dass gotische Paläste wie der *Palazzo Visconti* von den Eigentümern demoliert werden – aus rein pragmatischen Gründen: Im Neubau lebt es sich bequemer. John ist fassungslos über solche Vandalen, Effie findet es zwar schade um die schönen Gebäude, aber sie kann den Bewohnern das Verständnis nicht so ganz verweigern. Die Mosaikfußböden seien nun mal kalt, und trotz der schönen gotischen Fassaden könne sie es sich nicht vorstellen, dahinter zu leben, »denn innen fehlt es, obwohl es sehr gepflegt ist, überall an Komfort, und es gibt selbst bei diesem kalten Wetter keine wärmenden Kamine. Jedes Familienmitglied trägt einen irdenen Topf mit heißer Holzkohle mit sich herum, die erstaunlich lange heiß bleibt.«

Während John, wenn er nicht arbeitet, Schimpftiraden über die Venezianer in seine englische Heimat ablässt, versucht sie, die Venezianer kennen zu lernen. Ruskin beschimpft die Italiener summarisch als ein Volk, das zwar die größten und herrlichsten Anlagen in sich trage, aber verkommen sei zu einem, »das nun träge, ignorant, unfähig, sich Wahrhaftigkeit und Ehrlichkeit auch nur vorzustellen, blasphemisch, mordlustig, wollüstig, feige« sei.

*Das* Café Florian *hat auch in Krisenzeiten nie sein Charisma und seine Bedeutung eingebüßt. Dafür sorgten routinierte Musiker, elegante Kellner – und kluge Gäste wie Honoré de Balzac, der 1830 in seiner Novelle* Massimilla Doni *über die vielen Funktionen des Etablissements philosophierte: »Das Café Florian in Venedig ist ein Advokatensprechzimmer, eine Börse, ein Theaterfoyer, ein Klub, ein Lesekabinett … natürlich wimmelt es im Café von politischen Spionen, aber ihre Gegenwart schärft das Genie der Venezianer, dass sie die jahrhundertealte ererbte Wachsamkeit nicht vergessen.«*

Effie begegnet in Venedig weniger der Mordlust als der Bewunderung. Sie ist eine Schönheit, und das weiß sie. Befriedigt vermeldet sie, wie viele Zigarren aus dem Mund genommen werden, wenn sie ihre tägliche Tour macht. Und in welche der renommierten Häuser sie hier eingeladen wird, die fast alle von österreichischem, deutschem, englischem oder französischem Adel belegt sind. Effie hat zwar keinen Sex mit John, obwohl sie erst ein Jahr verheiratet sind, und daran wird sich bis zur Scheidung nichts ändern, aber hier, in Venedig, kann sie sich noch recht gut Ersatzbefriedigung verschaffen. Bewundert zu werden kann auch erotisieren. Und der Flirt auf den Plätzen, in den Salons, den Kaffeehäusern, von Gondel zu Gondel ersetzt manches Vorspiel.

John klagt, Effie genießt. Entrüstet berichtet er seinem Vater, wie die Venezianer ihre eigene große Vergangenheit schänden. Erregt beschreibt er, wie mancher Palast als Kohlelager missbraucht wird, verdreckte Schiffe vor marmornen Freitreppen angetaut sind und aus einem hohen gotischen Fenster ein Lastkran ragt, dass in dem legendären *Palazzo Foscari* eine Kaserne eingerichtet wurde und unter den unersetzlichen Decken des Salons dort das kroatische Regiment schnarcht. Fassungslos erzählt er, dass aus manchen Kirchtürmen Rauch aufsteigt, weil sie als Schornsteine missbraucht werden, dass die Venezianer die Kirche *San Girolamo* in Cannaregio in eine Dampfmühle umgewandelt haben und eine andere Kirche als öffentliche Bedürfnisanstalt nutzen. Nur selten ist er beruhigt von dem, was er sieht. »Hier aber ist endlich einer, der frisch gestrichen ist, ein alter Palazzo, aber gut getüncht, ›das ist in Ordnung‹, würdest Du sagen – er gehört einer Operntänzerin.« Effie weiß längst, dass es Maria Taglioni ist, die Erfinderin des Spitzentanzes, überall nur *La Sylphide* genannt, weil sie mit dieser Rolle zu einer Legende geworden ist.

Effie ist hungrig nach Glanz und Glamour, sie sucht die Nähe zu den prominenten venezianischen Dauergästen und findet sie.

John ist engagiert, aber ahnungslos. Er sieht Venedig nur von außen. Von innen sieht es seine Frau. Er betrachtet die Serenissima unter ästhetischen Gesichtspunkten, sie unter menschlichen, gesellschaftlichen. Er leidet an Venedig, sie wächst daran so rasch wie ihre Beobachtungsgabe. Die trainiert sie täglich und auch nächtlich auf der *Piazza di San Marco*: »Dort spielt jeden Abend eine österreichische Kapelle, sechzig Mann stark, die beste, die ich je gehört habe. Ganz Venedig scheint sich deswegen einzufinden. Der Platz ist dann wie ein großes Wohnzimmer, von den Gaslaternen an den ringsum laufenden Arkaden ausreichend beleuchtet – dort sitzen die Damen und Herren bei Kaffee, Eiswasser und Zigarren, während eine dichte Menge von Männern, Frauen, Kindern, Soldaten, Türken und phantastischen Gestalten in griechischer Tracht in der Mitte auf und ab geht, das Ganze unter einem Nachthimmel voller unzähliger funkelnder Sterne.« Ihr gefällt es, wie die Venezianer sich eine Seite der Piazza gesichert haben, während die Österreicher sich

*Gebannt hören die Gäste im Café Florian den Kaffeehausmusikern zu – und vergessen dabei die hohen Preise.*

auf die andere zurückziehen, und wie sie den Besatzern zuschauen, als führten die dort ein für die Einheimischen inszeniertes Theater auf. Effie ist Darstellerin und Zuschauerin zugleich in diesem Spektakel, erntet begehrliche Blicke und starrt auf Prominente wie die Taglioni, deren Bekanntschaft sie sich noch nicht brüsten kann.

Widerwillig kehrt sie im März mit ihrem Mann nach London zurück. Doch schon im September des nächsten Jahres sind die Ruskins wieder da. Nicht etwa, weil John seine Meinung über Venedig und die Venezianer geändert hätte, sondern weil sein Lebenswerk, *The Stones of Venice,* noch nicht vollendet ist. Effie brennt darauf, ihre alten Kontakte zu vertiefen und neue zu knüpfen. Diese Taglioni, von der auch zu Hause in London die Ballettbegeisterten bis hin zu Queen Victoria schwärmen, hat sie noch immer nicht kennen gelernt. Sie ist zwar vor kurzem von der Bühne abgetreten, aber durch Zufall kann Effie mit eigenen Augen sehen, dass die Taglioni noch immer prominente Verehrer hat. Jeder kennt diesen Mann, klein und etwas gebeugt, der in hoch dekorierter Uniform aus seiner Gondel steigt, die am *Palazzo Businello* angelegt hat. Effie beobachtet, wie er die Freitreppe hinaufgeht, wie das Tor geöffnet wird, die Taglioni erscheint und er sie mit einem formvollendeten Handkuss begrüßt. Graf Radetzky ist zwar schon Mitte achtzig, aber seine Empfänglichkeit für weibliche Reize ist so ungebrochen wie seine Begeisterungsfähigkeit für eine Ballerina wie die Taglioni, die ihn, lange vor seinem späten Ruhm als Italiensieger, in Wien bezaubert hat. Seine erotischen Bedürfnisse stillt Radetzky allerdings, Kenner der er ist, nicht bei Maria in Venedig, sondern bei der Wäschebüglerin Giuditta Meregalli in Mailand, deren vier Kinder angeblich der noch immer nicht erlahmten Kraft seiner Lenden zu verdanken sind. Was treibt die Taglioni privat? Wer begehrt die Diva im Ruhestand?

Effie hat gute Aussichten, endlich an die Taglioni heranzukommen. Denn die Ruskins haben sich diesmal eine Wohnung in der so genannten *Casa Wetzlar* gemietet, die zuvor als *Palazzo Gritti* bekannt war. Die Namensänderung ist einer ungarischen Adligen zuzuschreiben, die einen Mann namens Wetzlar geheiratet hat, Enkel eines polnischen Juden. Susanne von Wetzlar hat beschlossen, sein Geld in Venedig auszugeben, und benimmt sich so, wie sie es für venezianisch hält: elegant dekadent. Ihr Salon wird rund um die Uhr von duftenden Essenzen parfümiert, zwei Windspiele liegen zu ihren Füßen. Wer auf ihren Tanz-Soireen nicht dabei ist, hat derzeit in Venedig nichts zu sagen. Hier trifft Effie endlich auf Maria Taglioni.

Ihre langgliedrige Gestalt, zu groß für eine Tänzerin, ist in weißen Seidendamast gehüllt, Bouquets aus frischen Rosen wippen an den Hüften und im Haar, das von einer großen, mit Diamanten und Türkisen besetzten Spange gehalten wird. Die Taglioni weiß, dass es diesen Aufwand braucht. »Die Tänzerin«, hat ein Kritiker über sie geschrieben, »ist schlecht gebaut, fast bucklig, sie entbehrt der Schönheit und allen äußeren Eigenschaften, die zum Erfolg verhelfen.« Aber auf der Bühne gelingt es ihr, das alles vergessen zu machen. »Sie schwebt wie ein Geist«, hat sich Théophile Gautier entzückt. Und zu guter Letzt erklärt: »Sie ist eine Priesterin – sie betet mit den Beinen.«

Den Kritikern gingen die Metaphern aus, wenn sie den Tanz der Taglioni beschrieben, mit dem Lauf einer Gazelle, dem Flug einer Schwalbe oder eines schwirrenden Pfeils wurde er verglichen, und sogar mit einem Stern, der hinter einer Wolke dreinfliegt. Seit sie in der Rolle der *Sylphide* den Durchbruch geschafft hatte, als erste Tänzerin der Welt nur auf Spitzen über die Bühne geschwebt war, konnte sie

sich vor Verehrern kaum retten. Komponisten wollten ihre Musik von ihr getanzt sehen, Johann Strauß schrieb für sie den Taglioni-Walzer, Dichter, Bildhauer und alle Modemaler der Zeit versuchten, ihre Grazie in Worten und Bildern zu bannen. Allerdings verrieten sie dabei, dass die Taglioni im Gegensatz zu ihrer großen Rivalin Fanny Elssler nicht eben vor Sinnlichkeit vibrierte, sondern etwas melancholisch Prüdes an ihr haftete. »Körperlos« wurde ihr Tanz genannt, und sie selbst »die reine leidenschaftslose Liebe«. Jules Janin behauptete, »sie machte aus dem Tanz eine keusche Arie«, und meinte: »Sie war so blass, so jungfräulich. Und so traurig.« Doch weder die missglückte Figur noch die blasse Tristesse konnten die Verehrer der Maria Taglioni davon abhalten ihr nachzureisen, wenn sie auf Tournee ging, jahrzehntelang.

Doch wer jetzt wie Effie die große Ballerina aus der Nähe sieht, muss sich fragen, ob diese verzweifelt dekorierte Siebenundvierzigjährige noch Bewunderer hat. Effie, gewohnt, in Venedig die *reine du bal* zu sein, wird von der Taglioni jedenfalls nicht ausgestochen. Ob sie weiß, dass die Taglioni schon vor Jahren bei ihrem Auftritt im *Teatro la Fenice* nicht den gewohnten Erfolg gehabt hat, weil die Venezianer dieses romantisch Geisterhafte albern fanden und nicht verstanden, warum die *Sylphide* einen ganzen Abend lang hinter einem Mann herlief? So etwas macht eine Venezianerin nicht. Und mit körperlosen keuschen Diven hatten sie es hier ohnehin noch nie.

Ob es Effie zugetragen worden ist, dass die beneidete Ballerina seit sechzehn Jahren bereits getrennt lebt von ihrem Mann, dem Grafen Gilbert de Voisin, der sie belogen, betrogen, abgekocht und an den Rand des Ruins getrieben hat? Bei ihren Gagen eine Leistung.

Offenbar hat sich die Ballerina finanziell erholt bei ihrem letzten Engagement in London. Denn sie kann sich eine teure Krankheit leisten. Wie viele Österreicher, Franzosen, Deutsche und Engländer hier in Venedig ist sie von dem derzeit grassierenden Fieber erfasst worden: von einer Sammelleidenschaft, die sich selbst damit rechtfertigt, venezianische Schätze dem Untergang zu entreißen, letztlich aber nur die Situation des verarmten venezianischen Adels ausnutzt. Maria Taglioni, in Stockholm geborene Tochter eines italienischen Ballettmeisters, unterscheidet sich aber von den anderen Sammlern. Denn sie sammelt nicht etwa Gemälde, Kleinbronzen, Keramiken, Zeichnungen oder Geschmeide, sondern Paläste. Vielleicht hat sie, die ihre Karriere mit achtzehn in Wien begann und dort zum Star wurde, das Gefühl, hier im österreichisch besetzten Venedig zu Hause zu sein. Derzeit wohnt sie in ihrem *Palazzo Businello* bei *Sant' Apponal*, aber ihr gehören auch noch der *Palazzo Corner Spinelli* bei *Sant' Angelo* und der *Palazzo Giustinian Lolin* bei *San Samuele*, drei grandiose Bauten, die einen John Ruskin wochenlang beschäftigten. Er liefe Amok, wüsste er, wie gefährlich diese Leidenschaft der Taglioni für Venedigs Denkmäler ist. Doch sein Feindbild verstellt ihm den Blick auf die Wirklichkeit. Ruskin ist entschlossen, die Venezianer als ihre eigenen Totengräber zu sehen. »Die Italiener empören sich über Österreich,

*Keine Neuigkeit, aber immer eine Sensation: Den Blick auf den Rialto bei untergehender Sonne haben seit Jahrhunderten Reisende festzuhalten versucht. In Aquarellen und Gouachen, in Zeichnungen, Fotos, Worten und Filmen. Auch die weit gereiste Maria Taglioni erlag dem Zauber jener allzu bekannten Idylle.*

das sie hindert, ihre eigenen Baudenkmäler zu zerstören.« Offenbar weiß er nicht, dass die Österreicher beschlossen haben, die Kirche *Santa Lucia* und einige Paläste an der *Riva del Canalezzo* abzureißen, um Venedig mit einem Bahnhof zu bedenken. Und offenbar weiß er auch nichts von Maria Taglionis russischem Verehrer Alexander Fürst Trubetzkoi, einem Exilrussen, der ein gefährlicher Mann ist. Denn für Maria ist er zu jeder Schandtat bereit. Angeblich, weil Maria Taglioni mit ihrem Tanz Zar Nikolaus I. so betört hat, dass er den nach Sibirien verbannten Vater von Alexander begnadigte.

Nun legt ihr der Sohn sein Herz und sein Geld zu den großen, starken Füßen und ist auf die originelle Idee verfallen, Marias Sammlung von architektonischen Kleinodien um ein unüberbietbares Juwel zu bereichern: um die *Ca' d'Oro* – das »Haus aus Gold«. Die Vergoldungen an der Fassade, denen es seinen Namen verdankt, sind längst dem venezianischen Klima zum Opfer gefallen, aber dieses reichste Beispiel venezianischer Gotik mit seinen Inkrustationen aus farbigem Marmor ist nach wie vor Gold wert für jeden, der von Architektur etwas versteht. Was bei Trubetzkoi nicht der Fall ist. Trotzdem hat er vor einigen Jahren die *Ca' d'Oro* gekauft, denn sie ist ein Schnäppchen gewesen. Keiner wollte dieses völlig heruntergekommene Bauwerk, das seit mehr als einem halben Jahrhundert dem Verfall preisgegeben war. Schon 1791 war in einem Gutachten von zerbrochenen Schwellen, Rissen im Mauerwerk, morschen Balken, baufälligen Steinbalkonen und wackelnden Säulen die Rede gewesen. Das Fensterglas zerbrochen, die Läden zerborsten, konnte das Wetter ungehindert sein Zerstörungswerk betreiben. Viele Male hatte die *Ca' d'Oro* seither den Besitzer gewechselt, immer wieder nur notdürftig hergerichtet, um darin mehr zu hausen als zu wohnen.

Doch neuerdings wird an der *Ca' d'Oro* gebaut. Ruskin beobachtet es mit Ingrimm. Er hat ein Aquarell von der Fassade begonnen, vollenden aber kann er es nicht: »Stelle dir ein Arbeiten vor, wenn verdammte Maurer Stangen hochziehen, in die alten Mauern einschlagen und dabei Profile abbrechen.« Er ahnt nicht, wer an dieser Schändung schuld ist und dass er diesen russischen Fürsten im nächstbesten Kanal ertränken müsste. Er schimpft lieber auf die Einheimischen; »Ich begreife langsam, dass die Italiener wirkliche Tiere sind«, erklärt er einer Freundin in England, »eine Mischung aus Hund und Katze (ohne die Treue des einen und die Reinlichkeit der anderen), aber dass man ihrer Herr wird, wenn man achtsam ist und den Stock eifrig gebraucht.«

Und was ist Trubetzkoi? Ein charmanter Mann, großer Dankbarkeit fähig? Ein kunstsinniger Fanatiker, der einer großen Ballerina jene Ehre erweist, die ihr der Gatte verweigert hat? Oder ein Ignorant, verheerender als die Venezianer mit ihrer Lust auf einen praktischen Neubau?

Allein die Wahl des Architekten, den der Fürst mit der Restaurierung beauftragt, um alles so zu gestalten, dass es der Taglioni genehm ist, lässt das Schlimmste ahnen: Giovanni Battista Meduna aus Ravenna, ein Mann, dessen Erfolg so groß ist wie sein Desinteresse an Denkmalschutz. Meduna will, dass ein Bauwerk hinterdrein nach Meduna aussieht, nach Neogotik vom Zuckerbäcker. Fünfundzwanzig Jahre später wird er mit dieser Einstellung die nördliche Flanke von *San Marco* zu Tode sanieren. Zuvor aber hat er sich der Umgestaltung von Marias zukünftigem Viertpalast gewidmet. Erste Heldentat des Architekten an der *Ca' d'Oro*: die Entfernung der schönen Außentreppe zum *Canal Grande* und sämtlicher Balkone. Aber er hat noch große Pläne im Innern.

Da geschieht ein Wunder, als habe Ruskin sich in den lieben Gott verwandelt: Trubetzkoi entdeckt die Reize von Marias Tochter. Und damit kein Zweifel besteht, dass er es ernst meint, heiratet er die junge Dame umgehend. Nicht genug, dass er seine ehemalige Geliebte und jetzige Schwiegermutter damit öffentlich demütigt und zur alten Frau erklärt. Er lässt Venedigs Öffentlichkeit wissen, dass die Operntänzerin a. D. ihm nicht mehr allzu viel wert ist, jedenfalls keine aufwendigen Geschenke: Trubetzkoi verkauft die *Ca' d'Oro* an den Bankier Errera, der die geplanten Umbaumaßnahmen sofort stoppt – aus Sparsamkeit, nicht aus Einsicht.

Die Gefährdung der *Ca' d'Oro* ist damit noch keineswegs überwunden, denn Baron Giorgio Franchetti, der 1894 das Haus erwirbt, lässt zwar die zerstörten Balkone und auch die Außentreppe mühsam mit alten Baumaterialien

*Die Piazetta ist auch im Nebel ein Ort der Romantik. Obwohl ihre Geschichte als Ort des Gerichts und der Hinrichtungen weniger romantisch ist.*

rekonstruieren, aber seine Pläne für den Innenausbau stehen denen von Meduna kaum nach: Er ist Sammler und möchte aus dem gotischen Palast ein Gesamtkunstwerk machen. Diesmal ist es nicht die Liebe, sondern Geldmangel und Altersschwäche, die der *Ca' d'Oro* ihren Charakter zu bewahren helfen: Franchetti zieht ins Mezzanin des *Palazzo Fontana* und vermacht seine Sammlung und die *Ca' d'Oro* der Stadt Venedig samt einer umfangreichen Anleitung, was mit dem Haus alles angestellt werden soll. Die Serenissima nimmt den Palast und das Erbe dankend an, verzichtet aber darauf, den letzten Willen gänzlich zu erfüllen.

Maria Taglioni wird Venedig verlassen, lange bevor die Österreicher 1866 endgültig weichen und die besetzten Paläste räumen müssen. Ein Vermögensverwalter bringt die Tänzerin mit betrügerischen Machenschaften noch einmal um ihr Vermögen. Der Tod in Venedig, der ihr so gut gestanden hätte, ist Maria Taglioni nicht vergönnt. Verarmt stirbt sie in Marseille.

Effie sorgt vor ihrer zweiten Abreise noch für Aufruhr, denn während John sich mit den Steinen von Venedig beschäftigt, erobert sie die Herzen, die männlichen vor allem. Nicht ohne Stolz berichtet sie, dass sich zwei österreichische Offiziere ihretwegen duellieren. Und ihr Abgang von Venedig wird dramatisch: Ausgerechnet Effies ausdauernder Verehrer Graf Thun, Radetzkys Generaladjutant, fordert John zum Duell. Offziell nicht Effies, sondern der österreichischen Ehre wegen. Effies Schmuck ist gestohlen worden, und die Polizei hat einen Engländer der Tat bezichtigt, der in österreichischen Diensten steht. Wird nun John, der zwar jedes Zeichenwerkzeug, aber kein Florett handhaben kann, das venezianische Pflaster zu heiß? Unterschwellig hat bei der brisanten Forderung wohl die Eifersucht des Grafen eine Rolle gespielt, denn ihm wie jedem anderen Mann in Venedig scheint es absurd, dass die schöne Schottin diesem verklemmten Sonderling angehört.

Zurück in England, erscheint das auch Effie absurd. Sie fängt ein Verhältnis mit dem Maler John Everett Millais an, einem groß gewordenen Wunderkind, lässt sich scheiden und kehrt mit achtunddreißig als Mrs. Millais noch einmal nach Venedig zurück.

John II. ist das Gegenteil von John I. Im Bett ist er aktiv, nicht aber in kunsthistorischen Exkursionen. Und Effies Wohnsitz und ihre Wortwahl sind Kennzeichen dafür, was aus der fremd besetzten, halb verfallenen Stadt geworden ist, in der sich nur Irre in verkommene Palazzi eingemietet haben: Sie wohnt im *Hotel Europa* und beschwert sich, dass ihr Mann ein miserabler *sight seer* sei. Der Tourismus hat sein Zerstörungswerk begonnen, das erfolgreicher sein soll als das jenes russischen Liebhabers.

# Cosima Wagner
# & Richard Wagner

## Die Tränen einer Gedemütigten im Palazzo Vendramin

Letzte Leiden und letzte Leidenschaft vor dem Tod in Venedig: Cosimas Ehe mit dem romantischen Opernkomponisten Richard Wagner findet ein höchst unromantisches Ende.

**LINKE SEITE** | *Magisch umfängt die Atmosphäre im Palazzo Vendramin jeden, der ihn betritt. Wer im Wagner-Museum dem Fluidum der Spiegel, Lüster, Schnörkel, Bilder und Memorabilien anheimfällt, versteht kaum, dass hier zu Richard und Cosimas Zeiten vor allem gestritten, geseufzt und geweint wurde.*

**VORHERIGE DOPPELSEITE** | *Immer schon war der Palazzo Vendramin Calergi ein Ort des Zwistes gewesen. Denn der Prachtbau, den Andrea Loredan von dem bergamaskischen Architekten Mauro Carducci ab 1500 errichten ließ, geriet in die Hände der Brüder Grimani Calergi, die ebenso streitbar wie gewalttätig waren. Der Seitenflügel aus dem 17. Jahrhundert wurde wegen der kriminellen Delikte der flüchtigen Herren abgerissen und durch eine Schandsäule ersetzt, später aber, nach ihrer Rehabilitierung, wieder aufgebaut. In diesem zum Garten gelegenen Trakt bewohnten die Wagners mit Kindern und Personal fünfzehn Zimmer.*

Ihre Augen, groß und leuchtend blau, und ihre kastanienbraunen langen Haare sind das einzig Schöne an ihr. Doch die Haare beginnen bereits grau zu werden, obwohl sie erst fünfundvierzig ist. Und die Augen sind wieder einmal rot geweint. Von den Frauen, den abertausenden, die sie beneiden, verstünde kaum eine, warum Cosima Wagner dauernd so verheult aussieht. Was kann einer wie ihr denn Anlass zu Tränen geben? Verheiratet mit Europas berühmtestem Komponisten, der letzten Sommer in seinem Bayreuther Festspielhaus nach dem *Parsifal* zum Halbgott verklärt worden ist, macht sie nun schon seit Monaten Urlaub in Venedig. Und auch keineswegs in beengten Verhältnissen: Seit September 1882 haben die Wagners fünfzehn Räume im Mezzaningeschoss des *Palazzo Vendramin Calergi* bezogen, in einem der spektakulärsten Paläste der Serenissima. Die Wohnung liegt in einem Nebenflügel und hat einen direkten Ausgang zum Garten, einem sattgrünen Geviert, das kostbar ist in dieser Stadt aus stinkendem Wasser und Stein.

Also: Warum heult sie schon wieder?

Die Konten zu Hause sehen zum ersten Mal im gemeinsamen Dasein halbwegs erfreulich aus. Die zweiten Festspiele im vergangenen Juli haben einen Gewinn beschert. Eine Überforderung durch Hausfrauen- und Mutterpflichten kann es auch nicht sein, was Cosima weinerlich stimmt. Siegfried, der Jüngste, ist dreizehn, Daniela, die Älteste, zweiundzwanzig und bereits verlobt. Außer Betty Bürkel, Cosimas Zofe, und Georg Lang, Richards Diener, sind noch eine Gouvernante für die Mädchen und ein Erzieher für Siegfried mitgekommen, vor Ort wurden noch ein Portier, ein Hausmädchen, ein Koch und zwei Gondolieri angeheuert.

Entnervt sie ihr Mann, der dafür, dass er als neuntes Kind eines Polizeiaktuars zur Welt gekommen ist und immer bankrott war, erstaunliche Ansprüche an Pracht und Herrlichkeit seiner Umgebung stellt? Es ist bekannt, dass der Meister üblicherweise Zicken macht, sobald er in einem Urlaubsdomizil landet. Irgendetwas beleidigt immer sein Auge und zerrt an seinen Nerven. Bereits 1858, als Wagner mit fünfunddreißig Jahren und als Revoluzzer steckbrieflich gesucht zum ersten Mal nach Venedig floh, besaß er zwar nur noch zehn Gulden, aber dennoch die Dreistigkeit, von seinem Vermieter zu verlangen, sein Schlafzimmer müsse rot tapeziert werden, weil das seiner Stimmung besser entspräche. Einen zahlungskräftigen Verehrer, der die Rechnung übernahm, hatte er wie immer gefunden.

Hier, im *Palazzo Vendramin Calergi*, ist der Salon, der mit zwei Fenstern direkt auf den Kanal hinausschaut, bereits rot tapeziert. Cosima musste sich nur darum kümmern, den Räumen mit einigen roten Samtportieren und ein paar Sesseln mit roten Samtpolstern jene schwülstige Aura zu verpassen, die das Genie inspiriert. Ansonsten jedoch hat sie sich nicht mit Beschwerden herumzuschlagen. Die feuchte Kälte, die er von seinen fünf früheren Venedigvisiten kennt und hasst, wird hier von einer der ersten modernen Heizungsanlagen der Stadt erfolgreich bekämpft, die goldge-

*Ein Liebespaar, schön, elegant und kraftvoll wie das von Mariano Fortuny, waren Richard und Cosima Wagner schon rein äußerlich nie: er gedrungen und kurzbeinig, sie hager, aber zäh. Vielleicht hat Fortunys Plastik ihren Platz im Wagner-Museum bekommen, um dennoch die Vision eines idealen Paares heraufzubeschwören.*

prägten antiken Ledertapeten greifen ihn offenbar nervlich nicht an, und an dem stilreinen Louis-seize-Mobiliar hat er auch nichts auszusetzen. »Der Palast ist enorm großartig«, vermeldet er zufrieden.

Heult Cosima, weil Richard sich zu wenig um sie und die Kinder kümmert? Das kann sie ihm eigentlich nicht vorwerfen. Obwohl ihn Cosimas Frömmelei abstößt und er mit katholischer Kunst, der man in Venedig kaum entgeht, wenig anzufangen weiß, absolviert er willig ein ausgedehntes Besichtigungsprogramm und schaut mit seiner Frau die Kirchen und Altäre an. Zwar schimpft er über die klecksende Malerei von Tintoretto oder Veronese und erklärt, bei Tizians *Assunta* handle es sich eigentlich um Isolde, er fordert Cosima auch heraus mit der Behauptung, Christus zu malen sei eine geschmacklose Idee – schließlich habe er auch darauf verzichtet, Christus als Tenor auftreten zu lassen. Doch er ist bereit, die Stadt zu genießen.

Es müsste Cosima auch beruhigen, dass Wagners Sprachgewalt in Venedig zu wünschen übrig lässt, denn das verweist auf einen entspannten Zustand: Die Gondeln vergleicht er mit vorbeihuschenden Elfen, die kleine Quattrocento-Kirche *Santa Maria dei Miracoli* nennt er ein Schmuckkästchen und die *Salute* im Nebel einen Geistertraum.

Dass er sich öfters alleine vom Lieblingsgondoliere Luigi unten, an der Anlegestelle des Palastes, abholen und bis zum Markusplatz fahren lässt, kränkt sie nicht, nein. Sie haben die Erholungspause hier schließlich wegen seiner Herzattacken eingelegt, und diese einsamen Gänge beruhigen ihn. Und Cosima beunruhigen sie nicht, denn er liebt die Serenissima zwar, ist aber weit entfernt davon, ihr zu verfallen, ja überhaupt nur den Versuch zu machen, in ihre Mysterien einzudringen. Zum *Rialto*, an dem er besonders oft steht, sagt er hartnäckig Lido. Er vermeidet es, sich zu verirren in den Labyrinthen der *calle* und *sottoporteghi*, er geht am liebsten auf den Markusplatz, obwohl er die Architektur der Prokuratien unverschämt langweilig findet, dirigiert dort manchmal eine Musikkapelle im Kaffeehaus, setzt sich zwischen die Säulen von *San Marco* auf eine Steinbank oder besucht die antiken Marmorlöwen vor dem *Arsenale*, den ausgedehnten Schiffsbauwerkstätten der Stadt. Eigentlich benimmt er sich ganz normal: wie ein siebzigjähriger, ungesunder Mann, der seinen hart verdienten Urlaub auskostet und sich mit jener Melancholie, die schmerzlich, aber süß ist, an den ersten Besuch in Venedig erinnert, als er, zumindest eigenen Bekundungen nach, mit Selbstmordgedanken von seinem Balkon an den *Palazzi Giustiniani* aus ins Wasser gestarrt hat.

Auch über Einsamkeit kann Cosima sich nicht beklagen, denn außer ihren Kindern sind dauernd Besucher im Palast. Angenehme Hausgäste wie der Künstler Paul von Joukowsky, der oft in einer Ecke sitzt und vor sich hin kritzelt, der neugewonnene Freund Engelbert Humperdinck, diverse vertraute Grafen und Gräfinnen wie die von Schleinitz, Dr. Henry Thode, Danielas angehender Gatte, anpassungsfähig wie ein Ziegenlederhandschuh. Und natürlich die Wagner-Verehrer, einheimische ebenso wie Touristen.

Aber hier nähern wir uns dem wunden Punkt. Es gibt auch Gäste, die Wagner und damit Cosima Kraft kosten. Zum Beispiel der Pianist Joseph Rubinstein und Hermann Levi, der im Sommer 1882 acht von sechzehn *Parsifal*-Aufführungen dirigiert hat. Denn diese Besuche zwingen Cosima und Richard, die neben so vielem anderem auch ein tiefverwurzelter Antisemitismus verbindet, zu einem freundschaftlichen Umgang mit Juden, den sie mit gesellschaftlicher Routine, aber wider alle Überzeugung absolvieren. Wagner hat schon mit 37 in seiner Schrift *Über das Judenthum in der Musik* geschrieben, der Jude sei »abstoßend« und »unfähig, sich uns künstlerisch mitzuteilen«, doch Richard und Cosima müssen zugeben, dass Rubinstein und Levi sich überragend mitteilen können.

So etwas kann anstrengend sein, aber deswegen kommen Cosima bestimmt nicht die Tränen. Die kommen erst, nachdem im November ein großer Wunsch von ihr in Erfüllung gegangen ist: Ihr Vater Franz Liszt reiste an. Zwei Jahre älter als sein Schwiegersohn, hat der Dekorations-Abbé, nur mit den niederen Weihen, aber vielen maßgeschneiderten Seiden-Talaren ausgestattet, mit Richard nicht nur die Musikalität, sondern zwei Wesenszüge gemeinsam: die Leidenschaft für immer neue Affären und das dringende Bedürfnis, überall auf der Welt, auch in Venedig, an der gleichen Stelle zu stehen – im Mittelpunkt. Dass beide gleichzeitig reden, verkraftet Cosima wahrscheinlich. Und dass es Richard wütend macht, gegen seinen Schwiegervater beim Whistspielen zu verlieren, kann sie auch noch ertragen. Schließlich übt sie sich seit mehr als vierzehn Jahren, seit sie ihren Mann sitzen ließ und zu dem ebenfalls noch verheirateten Wagner zog, in ihrer selbstgewählten Lieblingsrolle als Opfertier. Und sie arbeitet hart daran, diese Rolle zu perfektionieren und jeden Anlass wahrzunehmen, um sich noch kleiner zu machen, damit der kürzer gewachsene Gatte sich noch größer fühlt. Schon vor fünf Jahren hat sie in ihr Tagebuch geschrieben: »Das Gefühl meines Unwerts steigert sich täglich« und betont: »Jedes Wort von ihm ist mir ein Glaubenssatz«. Wobei nicht übersehen werden darf, dass diese Tagebücher immer dafür geschrieben worden waren, der Nachwelt einmal von Wagners Ehe, von ihm und seiner Frau exakt das Bild zu überliefern, das Cosima überliefern wollte. Doch seit Liszt im *Palazzo Vendramin* eingezogen ist, nimmt Richards Gereiztheit täglich zu. Seine jähzornigen Ausbrüche machen ihr mehr zu schaffen, als sie wegstecken kann. Und ihre Hoffnung, er werde hier sediert von der venezianischen Milde, hat getrogen.

Am 18. Dezember geht Liszt mit seiner Enkelin Daniela, Cosimas Ältester aus der Ehe mit Bülow, zu einem Diner. Es ist zehn Uhr vorbei, und die beiden sind noch nicht zurück. Wagner tut, als sei die Stieftochter damit der völligen Verwahrlosung anheim gefallen. Richard tobt, Cosima weint. Und als Wagner ihr zur Krönung noch die Nachricht hinknallt, Bülow sei in eine psychiatrische Anstalt eingewiesen worden, kann sie den Tränenfluss nicht mehr stoppen. »Ich glaube nicht«, klagt sie ihrem Tagebuch, »dass mir ein froher Anblick mehr beschieden ist, beschieden sein darf.«

*Die Büste Wagners und alle anderen Erinnerungsstücke des Museums sind leider nicht für jeden zu besichtigen, denn im Palazzo Vendramin-Calergi befindet sich seit Jahrzehnten ein Spielcasino. Nur wer sich vorher anmeldet, erhält Zugang zu den Räumen, in denen Wagner am 13. Februar 1883 starb.*

Von dem Tag an gehört das verheulte Gesicht also zum Standardprogramm. Da hat es ein Ehemann schwer, für gute Laune zu sorgen. Aber Wagner weiß, dass er Cosima braucht, und auch wenn er sich für den Größten halten sollte, glaubt er so wenig an Cosimas Gejammer von ihrer Wertlosigkeit wie sie selber. Schließlich hat die zerbrechliche Frau schon eigenhändig Geldsäcke mit Silberdukaten geschleppt, wenn es galt, Bares für den Meister zu sichern, und sie hat erst vor wenigen Jahren erlebt, dass Richard, als sie für drei Tage allein verreist war, in eine Schaffenskrise stürzte. Und was die Bildung angeht, hat er sich mit ihr, einer unehelichen Tochter der Dichterin Marie d'Agoult, Gräfin außerdem, und Franz Liszts, eine Partnerin der ersten Güteklasse geholt.

Die Produktionsgemeinschaft Richard–Cosima ist effizient und kann es nur bleiben, wenn er seine Frau bei Laune und Anbetung hält. Zwar misslingt sein Vorhaben, sie an ihrem Geburtstag zu überraschen – Cosima kommt früher oder später immer dahinter, wohin Wagners heimliche Ausflüge führen, hier in Venedig ebenso wie zu Hause in Bayreuth, wo er regelmäßig beim Friseur Liebesbriefe an seine neueste Herzensdame abgibt –, doch in diesem Fall verdirbt sie nicht ihm ein erotisches Abenteuer, nur sich selbst die Überraschung: ein Konzert zu ihrem Geburtstag am 25. Dezember im *Teatro La Fenice*. Nun überwacht sie bereits die Probe am 22., ist aber immerhin plangemäß gerührt, als sie alle zusammen am Vorabend ihres Fünfundvierzigsten mit drei Gondeln durch den Mondschein ins Theater fahren und vor kleinem Kreis im *Teatro La Fenice* eine verloren geglaubte Jugendsymphonie ihres Herrn und Meisters aufgeführt wird, ein Stück in lichtem C-Dur, das durch ihren detektivischen Spürsinn in Dresden wiederentdeckt worden war. Wie immer findet Cosima die richtigen Worte, Worte von jenem Pathos, die einen Mann, der seine Sterblichkeit in allen Gliedern spürt, seiner Unsterblichkeit versichert: »Das«, sagt sie, »hat einer gemacht, der das Fürchten nicht kennt.«

Nach wie vor zum Fürchten ist allerdings der Machtkampf zwischen Wagner und Liszt. Cosima muss es ertragen, dass Richard seinen Schwiegervater King Lear nennt und noch im Halbschlaf zetert: »König Lear, grässlicher Mensch.«

Doch am 13. Januar reist Liszt ab nach Budapest. Es könnte nun aufwärts gehen mit Wagner, mit Cosima, mit dem ehelichen Frieden, zumal er an einer Schrift arbeitet, die

*Als Franz Liszt, Cosimas Vater, zu Besuch in den Palazzo Vendramin kam, spielte er auf diesem Flügel für seine eigenen hierher eingeladenen Gäste und rückte sich damit für Wagners Empfinden schamlos in den Mittelpunkt. Cosima sang an diesem Flügel zutiefst gekränkt ein Schubertlied, die Schmerzensmelodie ihrer verwundeten Seele.*

*Das Weibliche im Menschlichen* heißt, für die Gleichberechtigung eintritt und für die Liebesehe. Doch Cosima findet Emanzipation widerwärtig – vielleicht weil ihre Mutter so emanzipiert gewesen ist, aber keine Mutter, und Cosima sich noch als erwachsene Frau danach sehnt, eine zu haben, eine treusorgende, an deren Busen sie sich ausweinen könnte.

Ihr Gatte gibt mit vielen Bemerkungen, Zitaten und Anspielungen zu erkennen, er sehe sein Ende kommen, und seufzt laut: »Ich bin wie Othello, mein Tagwerk ist vorbei.« Doch hat er erst vor einigen Wochen an König Ludwig geschrieben: »Hiermit bedinge ich mir noch zehn rüstige Lebensjahre aus.« Und auch sein ungemindertes Interesse, in Venedigs berühmten Textilhandlungen teure Atlasseide, vielleicht in Hellblau, für einen Morgenmantel oder eine Weste zu kaufen, zeugt nicht von Lebensmüdigkeit.

Glaubt Cosima seinen Todesahnungen? Und glaubt er ihnen selbst?

Die Zeit der Maskenbälle – die Wagner ohnehin vulgär fand – ist vorbei, Prinz Karneval ist symbolisch verbrannt worden, und sie alle haben vom *Capello nero* aus zugesehen, wie er in Flammen aufging auf dem Markusplatz. Die Saison der maskierten Lustbarkeit in Venedig ist erloschen, doch nicht Wagners Lust auf ein erotisches Abenteuer hinter der Maske des Moribunden. Über Hermann Levi nimmt er Kontakt auf zu der Sängerin Carrie Pringle, einem seiner Bayreuther Blumenmädchen aus dem *Parsifal*, die derzeit in Italien unterwegs ist, und lässt sie einladen, ihn in Venedig zu besuchen.

Der Vorabend verläuft noch friedlich, wenn es stimmt, was Cosima in ihr Tagebuch schreibt. Sie habe ihn nebenan sprechen gehört, als sie schon im Bett war, und sei zu ihm gegangen. »Ich sprach mit dir«, soll er gesagt und sie dann lange und innig umarmt haben. »Alle 500 Jahre glückt es.«

Doch am nächsten Morgen gerät die Jahrtausendehe an ihre Grenzen. Wagner steht wie üblich spät auf und sagt zu seinem Diener Georg: »Heute muss ich mich in Acht nehmen«, trinkt aber dennoch mit Cosima sehr viel Kaffee; Tee, sagt er, sei »nervös gemachtes Nichts« und von den Chinesen bereits vorgetrunken, wie widerlich. Er weiß, dass ihm das so wenig gut tut wie die Überdosis Cognac, die er täglich konsumiert. Doch was nun folgt, tut ihm noch weniger gut.

In Erwartung von Carrie Pringle wird aus dem Genie, das sein Ende fürchtet, ein Geck, der sich aufputzt mit

Samtbarett und gesteppter Atlasweste und für die perfekte Montur so lang braucht wie eine alternde Diva zum Make-up. Da bricht Cosima in Tränen aus. Sie hat zwar, als Wagner vor ein paar Wochen monierte, er habe leider nur Frauen aus zweiter Hand gehabt, alle schon von anderen Männern benutzt, entsagungsvoll notiert: »O wie von ganzer Seele würde ich es ihm gönnen, dass ein fleckenreines Wesen ihn weihte!« Aber diese Carrie Pringle, mit der er schon in Bayreuth unübersehbar geflirtet hat, scheint offenbar nicht fleckenrein zu sein. Wagner beantwortet Cosimas Eifersucht mit Jähzorn. Türen krachen. Er zieht sich an den Schreibtisch zurück, Cosima ans Klavier. Siegfried hört mit immerhin dreizehn Jahren seine Mutter zum ersten Mal spielen. Sie weint, während sie spielt. Was das für ein Stück sei, will er wissen. Und sie sagt: »*Lob der Tränen* von Schubert.«

Viertel vor zwei betritt Joukowsky den *Palazzo Vendramin*, er ist zum Mittagessen eingeladen. Cosima empfängt ihn mit verheulten Augen. Der Tisch ist gedeckt, da meldet Georg gegen zwei, der Meister bitte, ohne ihn zu essen.

Sie sitzen um den großen Tisch in jenem hohen, vestibülartigen Raum, der als Esszimmer dient. Da stürmt Betty herein. Wagner sei hinter seinem Schreibtisch zusammengebrochen. Er habe nach seiner Frau und dem Arzt verlangt.

Cosima springt auf, rennt zu der hohen Flügeltür und kracht gegen den halbgeöffneten Flügel, dass das morsche Holz schier zerbirst. Georg hat seinem Dienstherrn, der wimmert vor Schmerzen, einen Teil seiner Imponiergala ausgezogen und ihn auf das Ruhebett gelegt. Krämpfe beuteln ihn, die Uhr rutscht aus seiner Tasche. »Meine Uhr!«, stöhnt er. Dann sagt er nichts mehr. Die Uhr ist abgelaufen.

Als Dr. Keppler gegen halb vier eintrifft, sieht er Cosima am Boden knien. Sie hat die Knie des Toten umklammert. Fünfundzwanzig Stunden lang verharrt sie alleine bei ihm. Als Adolf und Marie von Gross, die zum Vormund der Kinder bestimmt worden sind, aus Bayreuth eintreffen, werfen sie sich vor Cosima auf die Knie. Sie schweigt, als wäre das ganz normal. Angemessen. Und sie wird auch hoheitsvoll schweigen, als die anderen Trauernden den Kniefall nachahmen. Denn nun ist sie die »Hohe Fraue«, die Meisterin, die sie bei all der zur Schau getragenen Unterwürfigkeit immer gewesen ist. Schon achtzehn Jahre zuvor, als sie noch Bülows Gattin und Wagners nebeneheliche Geliebte war, hat Peter Cornelius gestöhnt: »Wagner ist gänzlich und unbedingt unter ihrem Einfluss.«

Der letzte Satz, den Wagner geschrieben hat, liegt noch auf dem Schreibtisch: »Gleichwohl geht der Prozess der Emanzipation des Weibes nur unter ekstatischen Zuckungen vor sich. Liebe – Tragik.«

Cosima jedoch zuckt nicht und zögert auch nicht lange, sie offenbart nun, was in ihr steckt. Immer ist sie beides gewesen, empfindlich und hart, leicht zu Tränen gerührt und unerbittlich, demütig und herrschsüchtig, liebevoll und gnadenlos, mager, fast zerbrechlich, aber durchsetzungsfähig. Und als ihr Vater telegraphiert, ob er kommen solle, antwortet sie: »Nein.« Die Trauer gehört ihr alleine, und in der Trauer gehört Wagner alleine ihr. Sie will nicht beschmutzt

**UNTEN** | *Bei Sonnenaufgang werden am Aschermittwoch die letzten Spuren des Karnevals vom Platz gefegt. Von der Piazetta, um genau zu sein. Gestorben aber ist der* Carnevale, *der dem Fleisch* (carne) *»Lebe wohl!«* (vale) *sagt, bereits am Dienstag, an dem alljährlich seine Symbolgestalt in den Flammen aufgeht. Wagner sah mit seinen Kindern bei diesem Spektakel gebannt zu. Ob er ahnte, wie nah sein eigenes Ende war?*

**FOLGENDE DOPPELSEITE** | *Die dunkle, kalte Jahresszeit war die letzte, die Richard in Venedig verbrachte – und der letzte Winter seines Lebens. Wie dieser Blick auf den* Rio Barcaroli *zeigt, hat auch diese Saison in der Serenissima ihre Reize.*

werden von der Banalität des Lebens und weigert sich tagelang, irgendetwas zu sich zu nehmen.

Doch kurz muss sie ihn loslassen: Die Totenmaske soll abgenommen werden, und Keppler muss den Leichnam balsamieren, denn Wagner wollte in Bayreuth begraben werden. Warum nicht auf *San Michele*, dem Friedhof der Serenissima? Wollte er es seinen Verehrern leichter machen und aus jeder Wallfahrt zum Grünen Hügel eine zum Grab des Meisters?

Aus Wien muss ein Sarkophag mit Glaseinsatz herbeigeschafft werden, ein Sarg mit Fenster wie für einen heiligen Märtyrer, damit das Gesicht für die Gläubigen zu sehen bleibt. »Wenn man ganz Märtyrer sein wollte«, hat Cosima einmal hellsichtig gesagt, »müsste man es aufgeben, in Deutschland zu leben und in Italien zu sterben.« Nun ist es Zeit für die letzte große Geste. Und große Gesten beherrscht Cosima. Sie bittet ihre Töchter, ihr langes Haar abzuschneiden, das Richard so bewundert hat: Die Nonne opfert das Insignium ihrer Weiblichkeit dem ewigen Bräutigam. Cosima bettet ihr Haar auf Wagners Brust, schließt den inneren Sarg ab und nimmt den Schlüssel an sich.

Fahles Licht sorgt für die bühnenwirksame Stimmung, in der eine schwarz drapierte Gondel Wagners Sarg zum Bahnhof bringt. Andere Gondeln geleiten sie, in einer sitzt Cosima alleine. Alleine wird sie auch in einem schwarz verhängten Zugabteil sitzen, den Sarg neben sich. Doch sie zerfließt nicht im Schmerz. Sie übernimmt in Bayreuth die Regierung wie die rechtmäßige Erbin.

*Wagner ließ sich täglich direkt am Palazzo Vendramin von seinem Lieblingsgondoliere abholen und versank in der Aura der Serenissima.*

Wagners Wille war das nicht gewesen. »Ich bin nun siebzig Jahre alt geworden«, hatte er kurz vor seinem Tod bekannt, »und kann nicht einen *einzigen* Menschen bezeichnen, der in meinem Sinne irgendeinem der bei einer solchen Aufführung Beteiligten (...) das Richtige sagen könnte.« Er hatte seine Schöpfung Bayreuth mit sich sterben sehen, »denn wer in meinem Sinne sie fortführen sollte, ist und bleibt mir unbekannt, unerkenntlich.«

Cosima erkannte es. Als versuchte sie damit den Makel des nicht vollkommenen Liebestodes zu übertünchen, an dem sie sich Mitschuld geben musste. Denn ihre Eifersuchtsszene hatte Wagner die letzte, tödliche Herzattacke beschert. Dr. Keppler jedenfalls protokollierte, psychische Ursachen seien schon zuvor der Grund für Wagners Zusammenbrüche gewesen. »Der Anfall selbst, der dem Leben des Meisters ein so jähes Ende setzte, muss eine ähnliche Veranlassung gehabt haben.«

Doch das wird Cosima, die detailversessen noch jedes Verdauungsproblem Wagners in ihr Tagebuch aufgenommen hat, nicht bezeugen. Venedig muss vergessen werden. Und alles, was sich dort abgespielt hat an Szenen einer Ehe. Vor allem die letzte Szene. Cosima wird jeden Zweifel an einer perfekten Verbindung aus ihren Tagebüchern und aus den Köpfen tilgen. Im Gedächtnis bleiben darf nur eines: Sie ist die vollkommene Dienerin gewesen. Denn das berechtigt sie, nun die vollkommene Herrin zu sein.

# Nachwort

## Venedig, Stadt der Passionen

## Die grossen Liebenden, die grossen Leidenden

Die Frage klingt ketzerisch. Doch wer ausgenüchtert zurückblickt auf Venedig, muss sie sich stellen: Warum gilt ausgerechnet diese steinerne, oft stinkende Stadt als Paradies der Liebenden? Warum haben Dichter, männliche und weibliche, sie immer wieder geschildert wie eine Geliebte? Warum wird ihr die Kraft zugeschrieben, Begehrlichkeit zu entfachen? Warum gilt sie als Aphrodisiakum?

Die Erklärung, Venedig trage den Namen der Venus in sich und sei wie die Liebesgöttin selbst eine schaumgeborene Schönheit, befriedigt keinen wirklich. Wer denkt schon an Etymologien und Mythologien, wenn diese Stadt ihn in Bann schlägt?

Dass Venedig eine magische Kraft auf den Fremden ausübt, beruht wohl eher darauf, dass sich hier jeder der banalen Wirklichkeit enthoben wähnt. Nichts ist hier wie auf dem übrigen Planeten. Kanäle statt Straßen, lautlos gleitende Gondeln statt lärmender Fahrzeuge, ein Labyrinth an Stelle eines klaren Stadtplans, ein Dialekt, der die harten Konturen der Sprache verschleiert wie der Dunst die Konturen der Stadt. Verwirrung war schon immer die Basis der Verführung.

Doch auch für diejenigen Frauen, die hier gelebt haben, für die Venedigs exzentrisches Wesen der Alltag war und sein Chaos so vertraut wie anderen das Orthogonale, scheint das zentrale Thema die Passion gewesen zu sein. Was nicht zufällig Leidenschaft und Leiden zugleich bedeutet.

Sie alle, von denen hier die Rede war, haben gebrannt, sich oft auch selbst verbrannt, weil ihre Lebenstemperatur zu hoch war. Leidenschaftlichkeit ist das verbindende Wesensmerkmal der venezianischen Frauen. Und wie in einem Staffellauf hat eine sich entzündet am Funken der anderen. Kein Zufall, dass es Eleonora Duse war, die entbrannte für Gaspara Stampa, auch wenn es dann ihr Geliebter Gabriele D'Annunzio und ihr Verehrer Rainer Maria Rilke sein sollten, die der Stampa Denkmäler setzten; der eine in seinem Roman *Il Fuoco*, der andere in seinem *Malte Laurids Brigge* und in den *Duineser Elegien*. Die »gewaltig Liebende« nannte Rilke die Dichterin, zu der die Duse über viereinhalb Jahrhunderte hinweg Nähe empfand. Seelenverwandtschaft. »Glühend leben und das Böse nicht spüren«, heißt eine kennzeichnende Zeile der Gaspara Stampa. Sie könnte von Eleonora stammen.

Gasparas Gedichte sind wie ihr ganzes Leben ein Aufbegehren gegen die Gleichgültigkeit. Und gegen das, was in der Serenissima als angemessen galt für das weibliche Geschlecht. Was ein venezianischer Mann von einer Frau erwartete, verrät ein venezianisches Sprichwort: *Che la piasa, che la tasa e che staga* – »dass sie gefällt, dass sie schweigt, dass sie im Haus bleibt«.

Gaspara Stampa gefiel, wenngleich anderen Männern als denen, die es sprichwörtlich nahmen, aber sie schwieg nicht und sie blieb nicht zu Hause. Ihr Leben ist symbolisch für ihre Heimatstadt. Denn Leiden und Leidenschaft sind darin unlösbar miteinander verbunden.

Wie eine pralle Knospe brach ihr Genie auf, als sie sich mit sechsundzwanzig kurz vor Weihnachten 1548 im Haus des Domenico Venier verliebte, eben jenes Venier, der Veronica Franco zur gesellschaftlichen Anerkennung verholfen hatte. Gaspara verfiel einem Mann, so jung wie sie, so schön wie sie: Graf Collaltino del Collalto. Blind machte sie diese Liebe nicht: Von Anfang an war ihr bewusst, dass die Liebe zu dem Grafen unstandesgemäß war, ohne jede Aussicht, zu einem legalen Verhältnis zu werden. Denn Gaspara hatte weder Adel noch Geld zu bieten. Mit sieben hatte sie ihren Vater verloren, und nur durch ihr Charisma, ihre Bildung, ihr vollendetes Lautenspiel und ihre Stimme, die Gerolamo Parabesco, der Organist von *San Marco*, die eines Engels nannte, war sie zum Mittelpunkt eines elitären Zirkels geworden. Zu einer, die man *la divina* nannte, die Göttliche.

Doch nicht einmal die Gefahr, mit dieser Affäre ihren Ruf zu ruinieren und der Leichtfertigkeit bezichtigt zu werden, hinderte Gaspara daran, sich dem Grafen ganz hinzugeben. »Ich liebe, also bin ich«, lautete ihr unausgesprochenes Bekenntnis, jenes Credo, das sie mit so vielen anderen großen Frauen in Venedig teilt. Und sie liebte grenzenlos, bedenkenlos, hemmungslos. Es kümmerte sie nicht, dass andere es gotteslästerlich finden könnten, wenn sie ihren Liebsten mit Christus verglich. Als Collaltino nach Frankreich aufbrach, wo er ein halbes Jahr lang an der Seite von König Heinrich II. Krieg führte, entlud sich Gasparas Trennungsschmerz in Gedichten, die keinen Hehl daraus machten: Sie glühte vor sinnlicher Begierde. *Ardo* – »ich brenne« heißt die Kurzformel ihres Empfindens. Collalto kehrt zurück, doch nun werden die Phasen der Trennung zwischen den Begegnungen zunehmend länger, und Gasparas Gesundheit wird schwächer. Stärker aber werden ihre Worte. Sie gibt zu, wie sehr sie leidet und wie sehr sie nun den hasst, der ihr diese Schmerzen zufügt. »Gebt mir mein Herz zurück, erbarmungsloser Tyrann«, fordert sie von dem untreuen Geliebten. *Diario d'amore*, »Tagebuch der Liebe«, nennt Benedetto Croce später die Sonette der Gaspara Stampa.

1550 erleidet sie einen Nervenzusammenbruch und bricht die Beziehung zu Collalto endgültig ab. Sie tröstet sich mit Andrea Viscardo, jünger als sie, und wieder lodert in ihren Gedichten die Leidenschaft auf. Doch das Feuer erlischt schnell. Kaum bringt ein neuer Mann, Bartolomeo Zen, Licht in ihre verdüsterte Stimmung, erfährt sie, der ehemalige Geliebte habe einer anderen, einer standesgemäßen Frau die Ehe versprochen – Giulia Torella, Markgräfin von Casei und Montechiarugolo. Am 23. April 1554 stirbt sie mit nur einunddreißig Jahren. Der Nekrolog, in dem Gasparas Tod verzeichnet ist, spricht nur von *mal de mare* und *mal colico*, vagen Bezeichnungen für Frauenleiden und Unterleibsschmerzen, die freilich Vergiftungssymptome mit einbeziehen können. Die Nachwelt gefiel sich darin, Gaspara zum Opfer eines Giftmords zu stilisieren und die Behauptung zu verbreiten, die Familie Collalto habe sie aus dem Weg räumen wollen. Und übertönte mit solchen Spekulationen das Eigentliche: den Klang von Gasparas Sonetten, ihren unverwechselbaren Ton, bittersüß, scharfmild, glühendkalt.

Nicht nur Collaltino hat vor einer Frau, die brannte, die Flucht ergriffen. Die Leidenschaftlichkeit machte venezianische Frauen unberechenbar. Sie waren bereit, für ihre Leidenschaft alles zu opfern. Und das jagte den Männern Angst ein.

*Venedig, Stadt der Liebenden und der Leidenden, Stadt der Widersprüche: Verborgen hinter der steinernen Kulisse und abseits der oft stinkenden Kanäle liegt dieser Rosengarten, der im 18. Jahrhundert die perfekte Kulisse für ein mehr oder weniger galantes Liebesabenteuer abgegeben hätte. Ist es ein Zufall, dass gleich nebenan, am Campo San Samuele, 1725 Casanova zur Welt kam?*

Was die großen Künstlerinnen und weiblichen Gelehrten Venedigs mit ihren männlichen Kollegen verbindet, ist die Lust, genau hinzusehen. Unter den Gedichten der Veronica Franco ist keines bewegender als das, in dem sie schildert, wie sie der Verdacht beschleicht, betrogen zu werden von ihrem Geliebten, wie sie nachts im Regen durch die Stadt rennt, um endlich Sicherheit zu bekommen, wie sie an seinem Haus den Diener herausklingelt und erfährt, nachts sei der gnädige Herr niemals in seiner Wohnung. Wie die Stampa, die Franco, die Duse, aber auch die Strozzi oder die Zaffetta ihre Wunden zeigen, wie sie ihre Niederlagen eingestehen und ihre Verletzlichkeit zugeben, das bringt sie uns so nahe. Nur eine Venezianerin konnte sich als alternde Frau derart schonungslos porträtieren wie Rosalba Carriera: mit schmalen Lippen, fahler Haut, aschigem Haar, mürbem Fleisch und stumpfem Blick.

Die Genauigkeit der Beobachtung, der unbestechliche Blick fürs Detail ist ein venezianisches Charakteristikum. Die Maler zeigen den Schmutz an den Füßen der armen Leute und machen die Textur eines golddurchwirkten Stoffes greifbar, sie geben das Fell eines Hundes so exakt wieder wie die Wäsche, die aus den Fenstern hängt, den schönen Schwung einer vollen Oberlippe, die faulen Zähne im Gesicht eines Greises, die mit der Brennschere gekringelten Locken einer Kurtisane, die Speckwülste am Bauch des Jesuskinds oder die verhornte Haut eines Rhinozeros. Männer nutzen es zuweilen aus, dass diese Genauigkeit verletzend sein kann und auch erniedrigend. Da wird einer Kurtisane namens Diana der Beiname *fuina* verpasst – Hausmarder, und eine namens Lucietta wird *culstreto* genannt, die mit dem engen Hintern.

Doch auch die Frauen schauen genau hin. Und denken nicht daran, die Schärfe ihrer Beobachtung durch Gefälligkeit zu mildern. »Wenn deine Werke durch die Hände der Männer gehen«, schreibt Lucretia Marinella, Historikerin und Schriftstellerin, »werden einige beim Lesen ein verkniffenes Gesicht machen, als ob sie von einer sauren Frucht gekostet hätten; andere werden dich weder loben noch tadeln, sondern sagen, dass es für eine Frau annehmbar sei. Andere werfen widerwillig einen Blick auf eure Werke, legen sie dann zur Seite und sagen, dass sie von Frauenhand sind, von wenig Wissen und von keinem Geist zeugen.« Sie kann es nicht verhindern, dass Verbitterung durch ihre Worte dringt. »So bleiben«, warnt sie die anderen Frauen, »eure mühsamen Anstrengungen nutzlos, und eure Bücher fallen den Motten zum Opfer. Wenn dein Werk geistreich, philosophisch und würdig ist, werden sie sagen, dass es nicht von einer Frau stammen kann, da ihr schwacher und weicher Geist nicht zum Himmel greifen kann, sondern dass es von einem Mann ist, da Männer Wissen und Gelehrsamkeit haben.«

Aufgegeben hat die Marinella dennoch niemals bis zu ihrem Tod. Die Frauen von Venedig haben, jede auf ihre Weise, gekämpft gegen eine Seuche, die heute die ganze angeblich zivilisierte Menschheit bedroht: gegen die Gleichgültigkeit. Gegen jenes achselzuckende Desinteresse an der Verantwortung. Gegen jene lauwarme Grundhaltung, die jede der starken venezianischen Frauen als demütigend empfand; »eine Mischung aus Frost und Glut« hat D'Annunzio die Stampa genannt. Als »süß und furchtbar« bezeichnete er ihr Schicksal, und dennoch hätte Gaspara niemals tauschen wollen mit einem wie ihm. Er lebte seine Eitelkeiten, sie lebte ihre Passionen.

Gäbe es ein Testament jener Frauen, dann wäre es wohl ein Aufruf gegen die Gleichgültigkeit. Und wer Venedig retten will, sein Venedig vor dem Untergang bewahren, muss wohl auf sie hören.

# Bibliografie – eine Auswahl


## Zum Vorwort

Busetto, Giorgio (Hrsg.): Cronaca Veneziana. Alltag und Feste im Venedig des 18. Jahrhundert. Veduten von Gabriel Bella und Drucke von Gaetano Zompini aus der Sammlung Querini Stampaglia, Venedig. Zürich 1991.

Fonte, Moderata: Das Verdienst der Frauen. Warum Frauen würdiger und vollkommener sind als Männer. München 2001.

Goy, Richard: Stadt in der Lagune. Leben und Bauen in Venedig. München 1998.

Honour, Hugh: Venedig. Ein Führer. München 1966.

Kottenhoff, Margarete: »Du lebst in einer schlimmen Zeit«. Christine de Pizan zwischen Sozialkritik und Utopie. Köln, Weimar und Wien 1994.

Gadebusch-Bondio, Mariacarla: Fragmente einer weiblichen Wissenschaftsgeschichte. Isabelle Cortese und ihre *Secreti*, ein Rezeptbuch des 16. Jahrhunderts. In: Querelles. Jahrbuch für Frauenforschung 1996, Band 1, hrsg. von A. Ebrecht, I. von der Lühe, U. Pott, C. Rapisarda und A. Runge. Gelehrsamkeit und kulturelle Emanzipation. Stuttgart und Weimar 1996, S. 123–141.

Gössmann, Elisabeth und Maria Huber: Arvangela Tarnabotti. La Simplicità Ingannata. In: Kennt der Geist kein Geschlecht? Archiv für philosophiegeschichtliche Frauenforschung, Band 6. München 1994, S. 109–134.

## Zu Peggy Guggenheim

Cipriani, Arrigo: Harry's Bar Kochbuch. Die schönsten Rezepte aus dem legendären Restaurant in Venedig. München 1993.

Clarke, Gerald: Truman Capote. München 1990.

Guggenheim, Peggy: Ich habe alles gelebt. Die Memoiren der ›Femme fatale‹ der Kunst. Bergisch Gladbach 1988.

Reitz, Manfred: Berühmte Kunstsammler. Von Verres bis Peggy Guggenheim. Frankfurt 1998.

Seemann, Annette: »Ich bin eine befreite Frau.« Peggy Guggenheim. Düsseldorf und München 1998.

Tacou-Rumney, Laurence: Peggy Guggenheim. Das Leben – eine Vernissage. München 2002.

## Zu Eleonora Duse

Balk, Claudia: ›Femme fragile‹. Eleonora Duse. Der Star entschwindet. In: Claudia Balk, Theatergöttinnen. Inszenierte Weiblichkeit. Clara Ziegler. Sarah Bernhardt. Eleonora Duse. Frankfurt 1994, S. 130–188.

Endres, Ria: Wie viele Sonnenuntergänge habe ich versäumt, weil ich ins Theater gehen musste. Die Tragödin Eleonora Duse. In: Theaterfrauen. Hrsg. von Ursula May. Frankfurt 1998, S. 45–61.

Maurer, Doris: Eleonora Duse. Mit Selbstzeugnissen und Bilddokumenten. Reinbek bei Hamburg 1995.
Reinhardt, E. A.: Das Leben der Eleonora Duse, Berlin 1928.
Resnevic-Signorelli, Olga: Eleonora Duse. Das Leben und Leiden der großen Schauspielerin. Berlin o. J.
Ross, Werner: Die Tragödin und der Faun. Eleonora Duse und Gabriele D'Annunzio. In: Venezianische Promenaden. Berlin 1996, S. 193–237.
Schneider, Eduard: Eleonora Duse. Erinnerungen, Betrachtungen und Briefe. Leipzig 1927.

### Zu Rosalba Carriera

Hörschelmann, Emilie von: Rosalba Carriera. Die Meisterin der Pastellmalerei. Studien und Bilder aus der Kunst- und Kulturgeschichte des 18. Jahrhunderts. Leipzig 1908.
Sani, Bernardina: Rosalba Carriera. Turin 1988.
Torti, Luigia: Rosalba Carriera. Pavia 1977.

### Zu Sara Copio Sullam

Boccato, Carla und Sinah Kessler: Sara Copio Sullam. Episoden aus dem Leben einer jüdischen Dichterin und ein Manifest über die Unsterblichkeit der Seele. In: Venedig. Geschichte und Gestalt seines Ghettos. Emuna. Horizonte zur Diskussion über Israel und das Judentum, X. Jahrgang 1975, Supplement 2, S. 38 ff.
Calimani, Riccardo: Die Kaufleute von Venedig. Die Geschichte der Juden in der Löwenrepublik. Düsseldorf 1988.
Curiel, Roberta und Bernard D. Cooperman: The Venetian Ghetto. New York 1990.
Fortis, Umberto: La ›bella ebrea‹. Sara Copio Sullam, poetessa nel ghetto di Venezia del '600. Turin 2003.
Ders.: Juden und Synagogen. Venedig, Florenz, Rom, Livorno. Praktischer Führer, Venedig 1973, S. 32–75.
Krinsky, Carol Herselle: Europas Synagogen. Architektur, Geschichte und Bedeutung. Wiesbaden 1985.
Roschitz, Karlheinz: Das Ghetto. Ästhetik des Verfalls. In: Parnass, Venedig. Die Stadt mit den zwei Gesichtern und der Lust zur Verwandlung. Linz o. J. (1984), Sonderheft 1, S. 56 ff.

### Zu Angela Zaffetta

Anonymus: Der Tarif der Dirnen von Venedig (1535). London 1908.
Aretino, Pietro: Die Kurtisanengespräche. Frankfurt 1986.
Masson, Georgina: Kurtisanen der Renaissance. Tübingen 1975.
Semerau, Alfred: Die Kurtisanen der Renaissance. Ein Beitrag zur Sittengeschichte. Wien und Leipzig 1926.
Thiele-Dormann, Klaus: Kurtisanenfreund und Fürstenplage. Pietro Aretino und die Kunst der Enthüllung. Düsseldorf und Zürich 1998.

### Zu Caterina Cornaro

Campolieti, Giuseppe: Caterina Cornaro. Regina di Cipro, Signora di Asolo. Mailand 1987.
Luritzen, Peter und Alexander Zielcke: Venezianische Paläste. München 1980.

### Zu Cassandra Fedele

Cavazzano, Cesira: Cassandra Fedele eudita veneziana del Rinascimento. Ateneo veneto, 29.2, Venedig 1906.
Fidelis, Cassandra: Epistolae et orationes posthumae. Recenszit Jac. Philippus Tomasinus. Patavium 1636.
King, Margaret L.: Frauen in der Renaissance. München 1991.
Mayer, Thomas: The rhetorics of life-writing in early modern Europe. Forms of biography, from Cassandra Fedele to Louis XIV. Ann Arbor 1995.
Probst, Ernst: Superfrauen. Bd. 5: Wissenschaft. Mainz-Kostheim 2001.
Robin, Diana: Cassandra Fedele's Epistolae (1488–1521). Biography as Effacement. In: Mayer, Thomas (Hrsg.): The Rhetoric of Life-Writing in the Renaissance. Ann Arbor 1994.

## Zu Veronica Franco

Ageno, Franca: A proposito del Nuovo mode de intendere la lingua zerga. Giornale storico della letterartura italiana 135/1958, S. 37–91.

Köhler, Hartmut: Veronica Franco. In: Osols-Wehden, Irmgard: Frauen der italienischen Renaissance. Dichterinnen, Malerinnen, Mäzeninnen. Darmstadt 1999.

Masson, Georgina: Kurtisanen der Reniassance. Tübingen 1975.

Montaigne, Michel Eyquem de: Tagebuch einer Reise durch Italien, die Schweiz und Deutschland in den Jahren 1580 und 1581 (Journal de voyage), hrsg. von Otto Flake. Frankfurt 1988.

Semerau, Alfred: Die Kurtisanen der Renaissance. Ein Beitrag zur Sittengeschichte. Wien und Leipzig 1926.

Rosenthal, Margaret F.: The Honest Courtesan. Veronica Franco, Citizen and writer in sixteenth-century Venice. Chicago und London 1992.

## Zu Elena Lucrezia Cornaro Piscopia

Fusco, Nicola: Elena Lucrezia Cornaro Piscopia. 1646–1684. The United States Commitee for the Elene Lucrezia Cornaro Piscopia Tercentenary. Pittsburgh 1975.

Pinsent, Abbess Mathilda: Life of Helen Lucretia Cornaro. Rom 1896.

Remiddi, Marcia: »A Woman of High Degree« – Unesco Courier, Vol. 31, July 1978, 12–13.

Santi, Antonio de: Elena Lucrezia Cornaro Piscopia. Nuove ricerche. In: La Civiltà cattolica 17, IV und V, 1898 und 1899.

Tonzig, Maria Ildegarde (Hrsg.): Elena Lucrezia Cornaro Piscopia. Prima donna laureata nel mondo. Terzo Centenario del dottorato. Vicenza 1980.

## Zu Anna Girò

Antonicek, Theophil und Elisabeth Hilscher: Vivaldi. Graz 1997.

Goldoni, Carlo: Geschichte meines Lebens und meines Theaters. München 1968.

Heller, Karl: Antonio Vivaldi. Leipzig 1991.

Kolneder, Walter: Antonio Vivaldi. Wiesbaden 1965.

Ders.: Vivaldi-Lexikon. Bergisch-Gladbach 1984.

Stegmann, Michael: Vivaldi. Mit Selbstzeugnissen und Bilddokumenten. Reinbek bei Hamburg 1998.

Talbot, Michael: Antonio Vivaldi. Der Venezianer und das barocke Europa. Leben und Werk. Stuttgart 1985.

## Zu Barbara Strozzi

Brosses, Charles de: Lettres familières. Neapel 1991. Bd. I, S. 333–334.

Micke, Sylvia: Barbara Strozzi. In: Annäherung IV – an sieben Komponistinnen. Furore Edition 827, hrsg. von B. Sonntag und R. Matthei. Kassel 1988, S. 7–17.

Rosand, Ellen: Barbara Strozzi. Virtuosissima Cantatrice: The Composers Voice. In: Journal of the American Musicological Society 32, 1978, S. 241–81.

Rosand, David und Ellen: Barbara di Santa Sofia and Il Prete Genovese: On the Identity of a Portrait by Bernardo Strozzi. In: Art Bulletin 63, 1981, S. 249–58.

Roster, Danielle: Barbara Strozzi. In: Die großen Komponistinnen. Lebensberichte. Frankfurt 1998, S. 67–82.

Weissweiler, Eva: Komponistinnen aus 500 Jahren. Frankfurt am Main 1981.

## Zu Maria Taglioni

Fest-Thomas, Harry: Leben und Lieben berühmter Ballerinen. Berlin Wilmersdorf o. J.

Herre, Franz: Radetzky. Eine Biographie. Köln 1981.

Kemp, Wolfgang (Hrsg.): John und Effie Ruskin. Briefe aus Venedig. Stuttgart 1995.

Zorzi, Alvise: Österreichs Venedig. Das letzte Kapitel der Fremdherrschaft 1798 bis 1866. Düsseldorf 1990.

## Zu Cosima Wagner

Dieckmann, Friedrich: Richard Wagner in Venedig. Eine Collage. Leipzig 1983.

Giroud, Françoise: Cosima Wagner. Mit Macht und mit Liebe. Eine Biographie. München 1998.

Gregor-Dellin, Martin: Richard Wagner. Sein Leben. Sein Werk. Sein Jahrhundert. München 1980.

Mayer, Hans: Richard Wagner in Selbstzeugnissen und Bilddokumenten. Reinbek bei Hamburg 1970.

Sutherland, Douglas: Cosima. Eine Biographie. Tübingen 1970.

Wagner, Cosima: Die Tagebücher. Band II, 1878–1883, ediert und kommentiert von Martin Gregor-Dellin und Dietrich Mack. München und Zürich 1977.

Wagner, Gottfried: Wer nicht mit dem Wolf heult. Autobiographische Aufzeichnungen eines Wagner-Urenkels. Köln 1997.

Wagner, Richard: Mein Leben. Vollständige, kommentierte Ausgabe, hrsg. von Martin Gregor-Dellin. München 1976.

Wagner, Richard: Das braune Buch. Tagebuchaufzeichnungen von 1865 bis 1882. Vorgelegt und kommentiert von Joachim Bergfeld. Zürich und Freiburg i. Br. 1975.


## Zum Nachwort


Bassanese, Fiora A.: Gaspara Stampa. Twayne's world author series 658. Boston 1982.

Reichenbach, Giulio: Gaspara Stampa. Roman. Rom 1923.

Cesareo, Giovanni Alfredo: Gaspara Stampa. Donna e poetessa. Biblioteca della »rassegna« I. Neapel 1920.

Osols-Wehden, Irmgard: Lucretia Marinella. In: Frauen der italienischen Renaissance. Dichterinnen, Malerinnen, Mäzeninnen. Darmstadt 1999, S. 131–143.


## Die Frauen

Guggenheim, Marguerite, genannt Peggy (1898–1979), Galeristin, Mäzenin und eine der bedeutendsten Sammlerpersönlichkeiten des 20. Jahrhunderts.

Duse, Eleonora (1858–1924), italienische Schauspielerin mit dem Beinamen »die Göttliche«.

Carriera, Rosalba (1675–1757), Porträtistin und zu Lebzeiten ein Weltstar.

Sullam, Sara Copio (ca. 1592–1641), jüdische Dichterin mit umfassender Bildung. Sie führte einen Salon inmitten des Ghettos von Venedig, der bald als geistiger Anziehungspunkt für jüdische wie christliche Venezianer und Venedig-Besucher galt.

Zaffetta, Angela (geb. um 1515, Sterbejahr unbekannt), eigentlich Giulia Moro; nennt sich selbst »Angela Zaffetta« und wird eine der berühmtesten Kurtisanen des 16. Jahrhunderts.

Cornaro, Caterina (1455–1510), Tochter des reichen Stadtbeauftragten Marco Cornaro und Königin von Zypern.

Fedele, Cassandra (1465–1558), eine der berühmtesten italienischen Wissenschaftlerinnen des 16. Jahrhunderts.

Franco, Veronica (1546–1592), berühmteste Kurtisane der venezianischen Geschichte.

Cornaro Piscopia, Elena Lucrezia (1646–1684), die erste Frau der Welt, die einen Doktortitel erhielt.

Girò, Anna (um 1702 – nach 1748), eigentlich Anna Tesière Giraud, einer der größten Opernstars im Venedig ihrer Zeit, heute nur noch bekannt als Geliebte von Antonio Vivaldi.

Strozzi, Barbara Caterina, auch Barbara Valle oder Barbara di Santa Sofia (1619 – nach 1664), Komponistin, Sängerin und Instrumentalsolistin.

Taglioni, Maria (1804–1884), Ballerina, gilt als Erfinderin des Spitzentanzes, noch bevor die Ballettschuhe mit der harten, sogenannten italienischen Spitze hergestellt wurden.

Wagner, Cosima (1837–1930), zweite Gattin Richard Wagners, geschiedene Frau von Hans von Bülow, nach Wagners Tod die Herrin auf dem Grünen Hügel.

## Bildnachweis

**© akg-images**
S. 65, 88, 106, 134, 152, 164, 165, 182, 212

**Agentur Focus**
S. 14: David Seymour / Magnum Photos
S. 15: ARCHIVIO GRAZIANO ARICI / LETTERATURA / SCRITTORE / Agenzia Grazia Neri
S. 18: ROBERT CAPA 2001 Cornell Capa / Magnum Photos
S. 33: Archivio G.B.B. / Agenzia Grazia Neri
S. 34: Archivio G.B.B. / Agenzia Grazia Neri

**Interfoto**
S. 68: Artemisia Gentileschi: Susanna und die Ältesten (1610)
S. 196: Pierre Vigneron: Maria Taglioni (19. Jahrhundert)

**National Gallery of Ireland**
S. 122: Sir Frederic W. Burton: Cassandra Fedele (1869)

Bibliografische Information Der Deutschen Bibliothek
Die Deutsche Bibliothek verzeichnet diese Publikation in der Deutschen Nationalbibliografie; detaillierte bibliografische Daten sind im Internet über http://dnb.ddb.de abrufbar.

Originalausgabe

Ein Unternehmen der La Martinière Groupe

Gestaltung: Werkstatt München, Weiss/Zembsch
© der Fotografien: Thomas Klinger
© der Texte: Eva Gesine Baur
Satz: satz & repro Grieb, München
Lithografie: Reproline Genceller, München
Druck: Passavia, Passau
Printed in Germany

Für die freundliche Unterstützung der Fotoproduktion danken wir Barbara Hartmann, D8 Digitallab, München, und Christian Dinkel, Fotografiehandel Dinkel, München.

ISBN-13: 978-3-89660-313-5
ISBN-10: 3-89660-313-2



www.knesebeck-verlag.de